Christoph Quarch

DER CLUB DER ALTEN WEISEN

Mit Sokrates, Seneca, Platon & Co. im Gespräch

CHRISTOPH QUARCH

DER CLUB DER ALTEN WEISEN

Mit Sokrates, Seneca, Platon & Co. im Gespräch

Bibliografische Information der Deutschen Nationalbibliothek
Die Deutsche Nationalbibliothek verzeichnet diese Publikation in der Deutschen Nationalbibliografie. Detaillierte bibliografische Daten sind im Internet über http://dnb.d-nb.de abrufbar.

Für Fragen und Anregungen
info@finanzbuchverlag.de

Wichtiger Hinweis
Ausschließlich zum Zweck der besseren Lesbarkeit wurde auf eine genderspezifische Schreibweise sowie eine Mehrfachbezeichnung verzichtet. Alle personenbezogenen Bezeichnungen sind somit geschlechtsneutral zu verstehen.

Originalausgabe, 1. Auflage 2023

Türkenstraße 89
80799 München
Tel.: 089 651285-0
Fax: 089 652096

Redaktion: Anne Büntig
Umschlaggestaltung: Marc-Torben Fischer
Umschlagabbildung: Shutterstock.com/Savvapanf Photo; Shutterstock.com/Dimitrios P; Shutterstock.com/Unknown man; Shutterstock.com/LightField Studios
Satz: abavo GmbH, Buchloe
Druck: GGP Media GmbH, Pößneck
Printed in Germany

ISBN Print 978-3-95972-730-3
ISBN E-Book (PDF) 978-3-98609-416-4
ISBN E-Book (EPUB, Mobi) 978-3-98609-417-1

Inhalt

Vorbemerkung

Philosophieren ist eine dialogische Angelegenheit. Es ereignet sich im Wechselspiel von Worten und Gedanken – und es währt so lange, bis im offenen Gesprächsraum eine Einsicht aufblitzt. Dieses Hin und Her des Denkens ist an keinen festen Ort gebunden. Es kann sich zwischen Menschen auf dem Marktplatz zutragen wie einst im alten Athen, als Sokrates seine Mitbürger auf der Agora in tiefgründige Gespräche verwickelte und sich dadurch unbeliebt bei ihnen machte. Es kann aber auch bei der Lektüre eines Buches zwischen Text und Leser stattfinden; etwa dann, wenn du dich mit philosophischen Werken der Vergangenheit beschäftigst. Die in ihnen kondensierten Gedanken können zu neuem Leben erwachen, wenn du ins Gespräch mit ihnen kommst – wenn du dich von ihnen infrage stellen lässt oder mit ihrer Hilfe neue Perspektiven erprobst. So erschließt du neue Horizonte und schützt dich vor der Gefahr, in lieb gewonnenen Gedankenmustern zu erstarren oder stets aufs Neue das von anderen Vorgedachte nachzubeten. Frisch bleibt dein Geist nur, wenn du dich auf Ungewohntes einzulassen wagst, zum Beispiel auf den Dialog mit denen, die dem »Club der alten Weisen« angehören – dem Club derer, die in immer neuen Anläufen die Frage bewegt haben, was es für ein gutes Leben wirklich braucht: Was ist der Sinn des Lebens, wie kann man ihn zur Sprache bringen und wie sollte man ihm entsprechend handeln?

Diese Fragen lassen sich nicht abschließend beantworten. Auch die für wahr befundenen und gut erprobten Antworten namhafter Philosophinnen und Philosophen verlieren ihre Plausibilität, wenn sie nicht von Zeit zu Zeit aktualisiert und in neue Worte gekleidet werden. Eben das geschieht in diesem Buch. Um die Weisheit der Altvorderen auf zeitgemäße Weise zur Geltung zu bringen, habe ich sie in fiktive Interviews verwickelt, in denen ich ihnen sehr aktuelle Fragen aus der Welt der Gegenwart vorlege und sie sodann auf ihre unverwechselbare Weise darauf Antwort geben lasse. So werden die alten Weisen unversehens zu Zeitgenossen, die erfrischend anders ticken als der Mindset der modernen Welt – und die gerade deshalb, weil sie anders ticken, unsere Aufmerksamkeit verdienen.

Der Club der alten Weisen ist nicht elitär. Im antiken Griechenland galt als weise, wer es in der Kunst des Lebens zur Meisterschaft gebracht hatte. Das konnten Männer oder Frauen, Einheimische oder Fremde, Herren oder Sklaven sein. Dieses Buch möchte dem Rechnung tragen – was ihm aber nur zum Teil gelingt, denn es beschränkt sich auf fiktive Gespräche mit Vordenkerinnen und Vordenkern aus dem europäischen Kulturkreis; nicht weil andere Kulturen keine Weisen hervorgebracht hätten – das Gegenteil trifft zu –, sondern weil ich in anderen geistigen Welten nicht heimisch bin und es deshalb nicht wagen wollte, mir spielerisch die geistigen Bahnen außereuropäischer Weiser anzueignen.

Die Idee zu den fiktiven Philosophen-Interviews verdanke ich der Redaktion der Zeitschrift *Red Bulletin*, in der ein Großteil der hier versammelten Stücke zwischen 2019 und 2023 erschienen ist. Besondere Erwähnung verdient mein dortiger Ansprechpartner Jakob Hübner, dem ich die eine oder andere Inspiration verdanke. Danken möchte ich ebenso meiner Ehefrau Christine Teufel, die mir viele gute Anregungen für die Fragen und Themen der Interviews gegeben hat.

Und nun: Herzlich willkommen im »Club der alten Weisen«! Lass dich nieder in diesem geistigen Spielraum, der dich auf andere Gedanken bringen wird. Das jedenfalls ist meine Hoffnung.

Christoph Quarch im Mai 2023

Teil I

Social Media und KI

Kant sagt: Nachdenken statt nachbeten!

Soziale Medien und Messengerdienste versorgen uns mit immer mehr Informationen und Nachrichten. Gleichzeitig wächst die Unsicherheit darüber, wem man eigentlich noch Glauben schenken kann. Diese Frage beschäftigte schon Immanuel Kant. Hier erklärt der preußische Aufklärer, was wir tun können, um nicht in der Informationsflut zu ertrinken.

Herr Kant, Sie haben vor rund 250 Jahren die Menschen dazu ermutigt, ihre »selbst verschuldete Unmündigkeit« zu überwinden und sich »ihres Verstandes zu bedienen«. Haben Sie den Eindruck, dass die Menschheit seither Ihrem Apell gefolgt ist?

Ihre Frage betrübt mich, mein Herr. Denn sie gemahnt mich dessen, dass es um den Menschen sonderbar bestellt ist. Er wünscht sich Freiheit und Selbstbestimmung, doch er verhält sich auf eine Weise, die ihn stets aufs Neue in die Knechtschaft zwingt.

Aber Herr Kant, wir leben im 21. Jahrhundert. Wir haben Meinungsfreiheit, Glaubensfreiheit, Pressefreiheit, Reisefreiheit. Es gibt einen freien Markt und freie Wahlen – zumindest in einigen Ländern der Welt. Wie können Sie da sagen, wir lebten in Knechtschaft?

Die »selbst verschuldete Unmündigkeit«, Verehrtester, ist auch in Ihrer Welt noch weitverbreitet. Ich meine damit ja nichts anderes als den Umstand, dass die Menschen dazu neigen, sich gedankenlos den Meinungen und Sichtweisen anderer zu unterwerfen. Gewiss, zu meiner

Zeit waren das die Dogmen der Kirche oder der herrschenden Eliten. Heute sind es die Ansichten von sogenannten Meinungsführern und Experten, wie man sie in Ihren Talkshows findet. Man hört sich an, was die Leute sagen. Und dann betet man es nach. Sich des eigenen Verstandes zu bedienen scheint nur wenigen noch einzufallen.

Könnte das damit zu tun haben, dass den Menschen in der heutigen Welt so viele Informationen angeboten werden, dass sie gar nicht mehr die Zeit haben, sich ihre eigene Meinung zu bilden?

Gewiss, die Welt, in der Sie leben, ist unübersichtlich geworden. Gerade deshalb aber ist es umso wichtiger, dass Sie nicht müde werden, sich Ihres Verstandes zu bedienen und Ihre Urteilskraft zu schärfen. Denn wenn Sie dies zu tun unterlassen, geraten Sie unweigerlich in Unfreiheit. Dann nützen Ihnen auch die Freiheitsrechte nicht mehr viel, von denen Sie gerade sprachen. Welchen Wert hat die Meinungsfreiheit, wenn Sie nicht in der Lage sind, sich eine eigene Meinung zu bilden?

Was müssten die Menschen denn tun, um ihre Urteilskraft zu schärfen?

Sie müssten damit aufhören, sich die Gedanken anderer anzueignen, und stattdessen das eigenständige Denken üben. Eigenständig denken heißt, sich kritisch mit dem auseinanderzusetzen, was andere einem sagen – vor allem dann, wenn man uns sagt, was wir hören wollen. Deshalb halte ich Ihre sozialen Medien und Messengerdienste für problematisch. Sie beliefern die Nutzer mit Meinungen und Nachrichten, die sie in dem bestätigen, was sie für richtig halten. Wer stets nur das hört, was er hören will, stellt das Denken ein und begibt sich in eine unbemerkte und darin umso schlimmere Knechtschaft.

Und wie kann man dieser Knechtschaft entgehen?

Alles kommt darauf an, den Blick auf sich selbst zu lenken und sich zu fragen: Warum glaube ich dieser Nachricht und nicht jener? Warum laufe ich diesem Influencer hinterher? Wieso weigere ich mich, den Ansichten von diesem oder jenem zuzustimmen. Solche Fragen bahnen den Ausweg aus der Unmündigkeit. Freiheit heißt, nicht immer dem folgen zu müssen, was Autoritäten behaupten. Freiheit ist die Freiheit, seine Sichtweisen ändern zu können. Das ist oft mühsam, aber darin gründet unsere Würde.

Immanuel Kant (1724–1804) war der größte Denker der Aufklärung. Er brachte wie kein anderer deren Geist auf den Punkt: »*Sapere aude!* Wage es, dich deines Verstandes zu bedienen!« war sein Slogan, und tatsächlich widmete er sein Lebenswerk der Erforschung und Durchdringung des Verstandes. Er warb für ein Leben, das von vernünftigen Grundsätzen geleitet wird. Manchmal scheint dabei das preußische Pflichtbewusstsein mit dem Königsberger durchzugehen, aber seine Zeitgenossen berichten dennoch, dass er ein geselliger Mensch gewesen sei, der sich vor allem bei Tisch als guter Gastgeber hervortat.

Sokrates sagt: Du bist nicht dein Avatar!

Was einst der Marktplatz war, sind heute die sozialen Medien. Dort können Menschen einander begegnen und sich zeigen, selbst wenn sie physisch an unterschiedlichen Orten sind. Das birgt Chancen und Risiken der Kommunikation – ein Spezialgebiet von Sokrates, der sich zu seinen Lebzeiten immer wieder mit der Frage beschäftigt hat, wie das menschliche Miteinander gelingt.

Herr Sokrates, sind die sozialen Medien nicht ein großartiges Instrument, um miteinander ins Gespräch zu kommen?

Da hast du mir einen schönen Köder hingeworfen, mein Freund. Denn du weißt genau, dass ich ein großer Fan von Gesprächen bin. Und warum nicht auch mal chatten oder twittern? Mir ist nur eines nicht ganz klar dabei: Wer sind eigentlich diejenigen, die auf Social Media kommunizieren?

Wie meinen Sie das? Man nennt diese Leute gemeinhin Nutzer.

Ja, das weiß ich. Aber was ist das – ein Nutzer? Sieh mal: Bei uns im alten Griechenland kannte jeder die Tempelinschrift in Delphi: »Erkenne dich selbst!« Deshalb frage ich jeden Nutzer, ob er mir sagen kann, was es heißt, ein Nutzer zu sein. Verstehst du den Punkt?

Ja, schon. Und was ist Ihrer Ansicht nach ein Nutzer?

Lass uns mal so tun, als wäre hier ein Nutzer, den wir fragen können: »Hey Nutzer, wer bist du?« – »Komische Frage, aber schauen Sie sich mal mein Profil an, dann wissen Sie's.« – »Okay, da finde ich ein Foto und ein paar Infos über dich. Aber das war doch wohl noch nicht alles.« – »Na klar, ich kann doch nicht mein ganzes Leben in mein Profil quetschen.« – »Das will ich hoffen, aber dann bist du doch offenbar etwas anderes als dein Profil. Oder sagen wir so: Dein Profil ist ein Bild von dir – aber du bist nicht mit diesem Bild identisch.« Merkst du, worauf das zuläuft?

Sie wollen sagen, dass man im Netz eigentlich nur mit einem Bild von sich unterwegs ist, aber nicht als die Person, die man eigentlich ist?

Bingo, genau das meine ich. Und jetzt kommt's: Ein Bild kann wahr oder falsch sein. Es kann das, was es abbildet, getreu wiedergeben, es kann aber auch ein Zerrbild sein. Meistens ist Letzteres der Fall: Das Bild, mit dem du in den sozialen Medien unterwegs bist, gibt dann gar nicht zu erkennen, wer du tatsächlich bist, sondern nur, wer du gerne sein willst. Es ist fast immer ein Wunschbild, das du von dir hast. Und das ist ziemlich oft ein verdammter Fake.

Heißt das, wir machen uns in den sozialen Medien alle etwas vor?

Vielleicht nicht alle, aber viele. Es ist wirklich wie früher auf dem Markt von Athen. Die Leute wollen alle Aufmerksamkeit. Sie wollen bewundert und wertgeschätzt werden. Deshalb ist ihnen jedes Mittel recht, um gut und attraktiv *zu erscheinen* – und sie vergessen darüber, gut und attraktiv *zu sein*. Das ist schade.

Haben Sie deshalb keinen Facebook-Account?

Och, ich werd' mir noch einen anlegen, denn für Social Media gilt am Ende das Gleiche wie für den Markt: Du kannst darin als Fake-Avatar rumlaufen und dich mit deinem Profil verwechseln, du kannst die sozialen Medien aber auch für Dialoge nutzen, in denen du anfängst, dich selbst zu erkennen und deine albernen Selbstinszenierungen als das zu durchschauen, was sie in Wahrheit sind: fruchtlose Schattenspiele, die dich davon abhalten, wirklich du selbst zu sein.

Sokrates (470–399 v. Chr.) galt zu seinen Lebzeiten als der Weiseste aller Menschen. Eigene Schriften sind von ihm nicht überliefert, fast alles, was wir über ihn wissen, verdanken wir seinem Schüler Platon, der in seinen Dialogen ein lebendiges Porträt von Sokrates gezeichnet hat. Sokrates' Lieblingsbeschäftigung war es, auf dem Marktplatz mit seinen Mitbürgern darüber zu diskutieren, was das gute Leben ist. Dabei pflegte er, seinen Gesprächspartnern vor Augen zu führen, wie sehr sie in Vorurteilen und falschen Selbstbildern verstrickt waren. So zog er den Zorn vieler auf sich, was dazu führte, dass er als »Verderber der Jugend« zum Tode verurteilt wurde.

Lessing sagt: Gegen Cybermobbing hilft nur digitale Aufklärung

Hate Speech, Beleidigungen, Bullying – in den sozialen Medien herrschen raue Sitten. Auch im »echten Leben« lässt der Umgangston zu wünschen übrig. Toleranz und Fairness scheinen abzunehmen. Neu ist das nicht: Schon der Aufklärer Gotthold Ephraim Lessing litt unter mangelnder Toleranz.

Herr Lessing, zu Ihrer Zeit waren Sie einer der führenden Köpfe der Aufklärung. Wenn Sie sich die Welt von heute anschauen: Ist die Menschheit seitdem wirklich vorangekommen?

Oh, mein Herr, ich glaube nicht. Denn unter uns gesagt, ich frage mich durchaus, was aus all dem geworden ist, was wir im 18. Jahrhundert in die Köpfe unserer Zeitgenossen pflanzten: freies, selbstbestimmtes Denken, Abkehr von verstaubten Dogmen – und vor allem Toleranz im Miteinander.

Schön, dass Sie das Stichwort Toleranz erwähnen. Dazu wollte ich Sie ohnehin befragen. Sind Sie eigentlich in Social Media unterwegs?

Aber selbstverständlich. Ich will wissen, was bei Ihnen in der Welt so los ist.

Gut, dann wissen Sie auch, dass es dort oft gar nicht tolerant zugeht: Menschen beschimpfen sich gegenseitig, vertreten dogmatische Positionen und werten Andersdenkende ab.

Oh ja, das alles sehe ich mit Sorge. Schauen Sie, zu meiner Zeit waren die Menschen in den Dogmen der Kirche gefangen. Sie schalteten ihren Verstand ab und folgten blind dem, was man ihnen sagte. Manchmal scheint mir, dass sich in der Welt von heute zwar die Inhalte der Dogmen verändert haben, dass sie aber genauso stur gepredigt und befolgt werden. Mal treten sie als Verschwörungstheorie auf, mal als Wissenschaftsgläubigkeit, mal als Fundamentalismus, mal als Ideologie. Da wird so getan, als sei man im Besitz der Wahrheit, und alle anderen wären verblendete Dummköpfe, die man bekehren müsse.

Aber ist es nicht sehr menschlich, im Besitz der Wahrheit sein zu wollen? Das gibt einem Sicherheit.

Ach, die Wahrheit! Glauben Sie noch immer, sie sei eine Münze, die man einfach so in seine Tasche stecken könnte. Dann haben Sie wohl meinen *Nathan* nicht gelesen – oder seine Weisheit vergessen. Wahrheit ist doch nichts, was man besitzen kann. Wahrheit ist, wonach man suchen sollte, gerade weil man sie niemals endgültig finden kann. Nicht die Wahrheit, in deren Besitz sich jemand wähnt, macht den Wert des Menschen aus, sondern die Mühe, die man aufgewandt hat, um nach ihr zu fahnden.

Dieser Satz klingt aber auch ziemlich dogmatisch.

Na, Sie sind mir ja ein ganz Schlauer. Aber Achtung, machen Sie es sich nicht zu leicht. Mein Satz ist eine Einladung zum Denken. Natürlich dürfen Sie ihm widersprechen, wenn Sie gute Gründe dafür finden. So ist es mit allen Sätzen, die nicht einfach rausgeblasen werden, sondern einem ernsten Denken entsprungen sind. Wenn sie Widerstände auslösen, dann ist es gut, ihnen mit Toleranz zu begegnen. Das heißt nicht: »Ist mir doch egal«, sondern: »Okay, es könnte sein, dass etwas Wahres dran ist. Schauen wir mal.«

Toleranz ist für Sie also eher eine Aufgabe als eine Haltung?

So ist es. Toleranz beginnt da, wo ich davon ausgehe, dass weder ich noch jemand anderes die Wahrheit für sich beanspruchen kann. Und dass es deshalb keinen Grund gibt, rumzupöbeln oder andere zu diffamieren. Diese Lektion müssen heute viele Menschen wieder lernen – vor allem in den digitalen Medien. Deshalb bin ich für eine neue Aufklärung.

Gotthold Ephraim Lessing (1729–1781) war einer der führenden Köpfe der Aufklärung in Deutschland. Nicht nur in seinen Dramen wie *Nathan der Weise* oder *Emilia Galotti* warb er für Toleranz und freies Denken, sondern auch in seinen philosophischen Schriften, in denen er sich kritisch mit dem Dogmatismus der lutherischen Kirchen auseinandersetzte. Dabei betonte er mit Nachdruck, dass es in Fragen von Religion und Ethik keine endgültigen Wahrheiten geben könne und deshalb immer aufs Neue im Gespräch darum zu ringen sei, was als Wahrheit gelten dürfe.

Nietzsche sagt:
Schluss mit dem Netzgeschwätz!

Sich zu zeigen ist angesagt. Ob auf Insta, Facebook oder LinkedIn – immer mehr Nutzer erzählen vor großem Publikum ihre persönlichen Storys. Was steckt eigentlich dahinter? Nichts Gutes, vermutet der für seinen psychologischen Scharfblick berühmte Friedrich Nietzsche. Er hat sich schon längst von allen sozialen Medien abgemeldet.

Herr Nietzsche, ich habe Sie neulich vergeblich in meinen Social Media gesucht. Warum konnte ich Sie nicht finden?

Gedenke der Spinne, mein Freund! Sie spinnt ihre Netze, um Beute zu machen. Wahrlich, so ist auch das Internet: Gesponnen ward es, um deine Seele zu fangen und schleichend zu töten.

Aber Herr Nietzsche, das klingt eher nach Ihrem Zarathustra als nach Ihnen selbst. Im Ernst: Warum meiden Sie soziale Medien?

Weil es schamlos darin zugeht. Unerträglich ist mir, wenn Menschen öffentlich ihr Persönlichstes ausbreiten – wenn sie mir zumuten, in Worten und Bildern an ihrem Privatleben teilzuhaben. Wenn es Menschen Freude macht, ihren Leib vor aller Augen zu entblößen, mag das als Spielart der Erotik durchgehen. Unduldsam hingegen bin ich, wenn ihr mit eurer ach so großen Güte zulasst, dass völlig fremde Seelen einem hemmungslosen Exhibitionismus frönen. Ekel wäre angemessener.

Aber nicht doch. Was Sie Entblößung nennen, kann man auch ins Positive wenden. Es gilt heute als Ausweis menschlicher Reife, sich in seiner Verletzlichkeit zu zeigen und Gefühle auszusprechen.

Reif ist nur die Frucht, die lange wuchs und Sturm und Hagel trotzte. Reif ist nur, was fest verwurzelt und was gut gegründet ist. Die Geschichten, die ich in sozialen Medien finde, gleichen keinen reifen Früchten, sondern Seifenblasen, die zerplatzen, wenn ich sie eines scharfen Blickes würdige. Denn sie haben *nichts* zu sagen. Viele Worte, schöne Worte auch, die mich aber *nichts* angehen. Ich lerne *nichts* dabei. Sie alle künden nur vom *Nichts*, das sich in eurer digitalen Welt mit Lichtgeschwindigkeit verbreitet. Social Media, mein Freund, sind der Triumph des Nihilismus – der Entgeisterung der Welt.

Sie selbst haben den Übermenschen gefordert, der selbstbestimmt und frei sein Leben gestaltet und sich seine eigenen Werte setzt. Viele Nutzer erzählen davon, wie sie das machen.

Wenn es doch so wäre! In Wahrheit erzählen sie aber nicht von ihrer Selbstbestimmtheit, sondern von ihrer Selbstverliebtheit. Und das, mein Freund, hat nichts mit dem zu tun, wozu ich einst die Menschen aufrief, als ich schrieb: »Ich liebe den, welcher seine Tugend liebt: denn Tugend ist Wille zum Untergang und ein Pfeil der Sehnsucht«. Was ich damit meinte: Ich liebe Menschen, die ihr Bestes – ihre Tugend – geben, die sich einer Vision verschreiben, die ihrer Sehnsucht folgen und sich dabei selbst aufs Spiel setzen. Eure Nutzer aber tun nichts von alledem. Sie wollen Aufmerksamkeit und Wertschätzung für ihr kleines Ich. Fände ich mehr Posts, die von großen Seelen künden, würde ich mich wieder einloggen.

Eine gute Idee, denn dann könnten Sie Ihre Gedanken einem größeren Publikum mitteilen.

Oh, ein listiger Verführer bist du, der du solche Stricke auslegst. Aber nein, mein Freund, das werde ich nicht tun. Meine Worte taugen nichts für schnelle Medien. Sie sind mit Blut geschrieben, sie wollen nicht gelesen, sondern auswendig gelernt werden. Und das nimm zur Mahnung: Man sollte überhaupt nur schreiben, was dazu taugt, auswendig gelernt zu werden. Vom Geist sollte man reden, nicht von seinem Ich. Von Werten, Wahrheiten und Weisheiten sollte man schreiben, nicht von Erlebnissen oder Gefühlen. Man sollte nur das schreiben, was andere wirklich angeht – und nicht davon schwallen, wie es einem selber geht. Pfeile der Sehnsucht sollen deine Worte sein, sonst kannst du sie für dich behalten.

Friedrich Nietzsche (1844–1900) nahm kein Blatt vor den Mund, wenn es darum ging, seine Zeitgenossen in die Kritik zu nehmen. Immer wieder beklagte er den »Nihilismus« der modernen Konsumenten: ihren Verzicht darauf, ein selbstbestimmtes Leben zu führen und höheren Zielen zu folgen. Als Gegenmodell entwarf er in *Also sprach Zarathustra* (1883–1885) das Ideal des Übermenschen, der in Freiheit sein Leben selbst in die Hand nimmt. Nietzsche fand zu Lebzeiten wenig Gehör, wurde aber im 20. Jahrhundert zu einem der meistgelesenen und -diskutierten Autoren.

Heidegger sagt: Siri und Alexa rauben dir die Freiheit

Chatbots schreiben für uns Texte oder malen Bilder, Sprachassistentinnen helfen uns durch den Alltag. Die Algorithmen der künstlichen Intelligenz werden immer schlauer. Aber wird unser Leben dadurch immer besser? Der viel gescholtene Martin Heidegger erklärt, warum er keine Sprachassistenten aktiviert hat und warum uns zu viel Digitalisierung schadet.

Herr Heidegger, wird durch Siri und Alexa unser aller Leben besser?

Die Frage, die Sie stellen, ist ein Ruf ins Denken; so zwar, dass durch sie ein Zweifaches infrage steht. An welchem Maß lässt sich ermessen, was hinsichtlich des Menschenlebens »gut« geheißen werden kann? Und: Inwiefern ist es dem Leben eines Menschen zuträglich, technische Geräte bei sich aufzustellen, die ihn darin unterstützen, seinen Alltag zu bewältigen?

Wenn Sie es so formulieren wollen, bitte. Aber wie lautet Ihre Antwort?

Die Frage nach dem Maß des Menschenlebens nötigt uns, das Sein des Menschenlebens zu ermessen. Diesem Sein des Menschenlebens gab ich einst in meinem Hauptwerk *Sein und Zeit* den Namen »Dasein«. Und das Dasein definierte ich als ein bewusstes Sein. Denn der Mensch erschien mir als ein Wesen, das bei allem, was es tut, sich zu sich selbst verhalten kann, ja *muss*. Darin gründet, was wir unsere *Freiheit* nennen. Denn es steht uns frei, ob wir uns zu uns selber so verhalten, dass wir selbst das Sagen über unser Dasein haben – oder ob wir uns in unserem

Dasein danach richten, was *man* für gewöhnlich tut oder was *man* von uns erwartet. Ja, es steht uns frei, uns entschlossen unser eigenes Dasein zu- und anzueignen – oder uns der »Diktatur des Man« zu unterwerfen, wie ich diese zweite Daseinsweise nannte.

Aber was hat das alles mit Siri und Alexa zu tun?

Es steht uns frei, auf *eigentliche* Weise da zu sein, sofern wir einen *eigenen*, selbst gewählten Weg durchs Leben einschlagen. Wir können diese Freiheit aber auch einzubüßen, sofern wir das Sagen über das *eigene* Dasein preisgeben und uns dem Gerede des Man überlassen, um *uneigentlich* vor uns hinzudümpeln. Die Frage, ob das Menschenleben dadurch »besser« wird, dass wir Sprachassistentinnen wie Siri und Alexa in Dienst nehmen, beantwortet sich mithin allein danach, ob sie den Raum zum eigentlichen Dasein öffnen beziehungsweise offen halten oder ob sie uns der Uneigentlichkeit anheimfallen lassen.

Ich vermute, Sie gehen davon aus, dass uns Sprachassistentinnen oder auch künstliche Intelligenzen eher davon abhalten, auf eigentliche Weise da zu sein, oder?

Diesbezüglich gilt es zu bedenken, was das Sein und Wesen einer Sprachassistentin ist. Als Geräte sind sie das, was ich als *Zeug* beschrieben habe: Zeug meint *Zuhandenes*. Damit will ich sagen: Es gibt das Zeug nur deshalb, weil wir es handhaben, gebrauchen und benutzen. Wir haben es zur Hand, um uns mit seiner Hilfe einzurichten in der Welt. Zeug sind die Geräte, die wir her*stellen*, um das Dasein zu erleichtern. Zeug sind die Computer, die wir auf*stellen*, um uns mit Informationen zu versehen. Zeug sind auch Alexa und Siri, die wir an*stellen*, um uns ihrer zu bedienen.

Siri und Alexa werden nicht gerade begeistert sein, wenn sie das hören.

Alles technisch Her*gestellte* ist in meinen Worten Zeug. Und die Frage, ob das ganze Technikzeug, mit dem wir uns um*stellen*, unser Leben besser macht, läuft darauf zu, dass wir danach fragen, ob das technisch Her*gestellte*, Auf*gestellte* oder An*gestellte* den Freiraum unseres Daseins – das heißt die Möglichkeit, auf *eigentliche* Weise da zu sein – offen hält, oder ob es ihn ver*stellt*, zu*stellt* oder gar ent*stellt.*

Puh, Sie machen es einem nicht leicht. Aber ich will mich nicht anstellen, sondern Ihnen lieber die Frage stellen, was wir denn nun um alles in der Welt mit Siri und Alexa anstellen sollen; oder ob wir sie besser abstellen sollten.

In meinen späten Vorträgen habe ich das Wagnis unternommen, das Wesen der Technik zu ergründen. Dafür prägte ich das Wort *Gestell*, weil Technik etwas ist, mit dessen Hilfe wir das Leben *stellen* – ganz so wie der Kommissar einen Verbrecher *stellt.* Durch die Technik machen wir das Leben dingfest. Das aber bedeutet, dass wir durch sie unser eigenes Dasein feststellen und zustellen. Je mehr wir uns mit technischen Geräten umstellen, desto mehr verstellen wir den Freiraum eines eigentlichen und authentischen Menschseins. Wir geben das Sagen über unser Dasein auf und folgen dem, was Siri und Alexa uns zu sagen haben. Und sie sagen stets nur das, was diejenigen, die in unserer Welt wirklich das Sagen haben – die IT-Konzerne –, als *ihre* Wahrheit aufgestellt haben. Deshalb machen Sprachassistentinnen das Leben nicht besser. Sie unterwerfen es der »Diktatur des Man« und rauben uns die Freiheit. *Eigentlich* sollten Sie darauf verzichten. In meine Schwarzwaldhütte in Todtnauberg kommt mir dieses Zeugs jedenfalls nicht.

Martin Heidegger (1889–1967) ist ein Denker, an dem sich die Geister scheiden. Nachdem in der jüngeren Vergangenheit immer deutlicher zutage trat, in welchem Maße er sich – zumindest zeitweise – mit Teilen der nationalsozialistischen Ideologie identifizierte, sind Stimmen laut geworden, die sein Denken aus den philosophischen Instituten verbannen wollen. Andere hingegen sehen in Heidegger den bedeutendsten Denker des 20. Jahrhundert, der mit seinem Buch *Sein und Zeit* eine neue Sicht auf die menschliche Existenz ermöglichte und durch seine späten Arbeiten die geistige Matrix der Moderne freilegte.

Hannah Arendt sagt: Chatbots haben nichts zu sagen

Selber schreiben ist nicht mehr nötig. Wenn Sie ein Schriftstück aufsetzen wollen, können Sie es sich neuerdings leicht machen und einen Chatbot damit beauftragen. Innerhalb weniger Sekunden wird er Ihnen einen fertigen Text generieren. Das ist unzweifelhaft praktisch und spart viel Zeit. Aber ist es auch gut? Hannah Arendt fürchtet, dass wir durch den Gebrauch von Schreibprogrammen unsere menschliche Sprachfähigkeit verlieren.

Frau Arendt, haben Sie schon mal erwogen, Ihre Texte von einer künstlichen Intelligenz schreiben zu lassen?

Schauen Sie, wir Philosophen erwägen alles. Das ist unsere Profession. Und tatsächlich wenden wir unsere Aufmerksamkeit besonders gerne auf die großen Trends der Zeit. Die Faszination für künstliche Intelligenz ist so ein Trend, und ich halte es für bedeutsam, der Frage nachzugehen, was eigentlich dahintersteckt. Dafür müssen wir aber zunächst einmal klären, was so ein Chatbot eigentlich tut, wenn er einen Text aufsetzt.

Und, was tut er?

Er verarbeitet gegebene Daten mit dem Ziel, eine ihm gegebene Aufgabe mithilfe von Algorithmen zu erledigen. Er folgt dabei einer technischen Dynamik, die ich mit dem Wort »Herstellung« beschrieben habe. Das heißt, die digitale Maschine setzt aus vorhandenen Textbausteinen, Worten und dergleichen nach Maßgabe definierter Regeln der Grammatik und Syntax einen Text zusammen. Er ist ein Werkstück, er wird verfertigt, so wie ein Techniker aus Einzelteilen eine Maschine zusammenbaut.

Aber schreiben menschliche Autoren nicht genauso? Warum sollte ein Chatbot nicht sinnvolle und vernünftige Sätze formulieren können?

Weil ein Chatbot keine Person ist, die vor dem Hintergrund ihrer Fragilität und Endlichkeit um Sinn ringt. Es könnte wohl sein, dass ein künstlich erzeugter Text den Eindruck erweckt, bedeutungsvolle Aussagen zu treffen, aber bei näherer Betrachtung werden Sie feststellen, dass das nicht der Fall ist. Lassen Sie mich das an einem Beispiel erläutern: Sie lassen vom Chatbot einen Liebesbrief an Ihre Freundin schreiben. Er liefert Ihnen einen grammatikalisch perfekten Text, für den er Versatzstücke aus den literarischen Liebesbriefsammlungen der letzten 100 Jahre verarbeitet hat. Der Text liest sich vorzüglich, voller Erwartung schicken Sie ihn an Ihre Freundin. Beim nächsten Treffen sind Sie so unvorsichtig und sagen, der Brief sei von einem Schreib-Bot geschrieben. Ihre Freundin macht daraufhin Schluss mit Ihnen. Zurecht, denn Sie haben sie getäuscht und betrogen. Sie haben ihr einen Text gegeben, in dem Sie selbst nicht vorkommen. Sie haben sich nicht mitgeteilt, sondern leere Worte benutzt, um einen bestimmten Effekt zu erreichen.

Aber ganz im Ernst: Ich fürchte, es hat zu allen Zeiten reichlich Liebesbriefe gegeben, die virtuos ihren Adressanten eine Liebe vortäuschten, die es in Wahrheit gar nicht gab.

Richtig, und genau da liegt das Problem: Es ist möglich, die Sprache als Werkzeug zu missbrauchen und Schein zu erzeugen. Das aber ist gefährlich, da auf diese Weise die Sprache zerstört wird. Sie verliert ihr Wesen, wird unwesentlich. Denn eine Sprache, die ihren Namen verdient, ist keine Technik, auch kein Werkzeug oder Instrument, mit dem man etwas herstellt oder macht. Sprache ist echt nur als Ausdruck, mit dem sich Menschen in der Welt zeigen und bekunden. Wenn Sprache maschinell hergestellt wird, ist da aber niemand, der sich mitteilt. Was dabei herauskommt, ist nicht echt – und kann es nicht sein, weil es keine Person gibt, die dabei zur Sprache kommt. Maschinellen Worten fehlt das Leben und der Inhalt – ihnen fehlt der Sinnhorizont.

Wer wirklich etwas zu sagen hat, muss sich demnach auch in Zukunft der Mühe unterziehen, seine Sätze selbst zu formulieren?

Ja, echte Texte sind nicht gemacht, sondern gewachsen. Sie wachsen aus leidvoller und freudvoller Erfahrung. Sie wachsen im Geist von Menschen, deren Lebenszeit begrenzt ist und die sich irgendwie mit der Zerbrechlichkeit des Lebens arrangieren müssen. Chatbots können das nicht. Sie wissen nicht, was es heißt, ein Mensch zu sein, der bei allem, was er tut, um Sinn ringt. Folglich können sie auch keine sinnvollen Texte schreiben. Sie können etwas herstellen, aber sie haben nichts zu sagen. Deshalb kommt es für mich nicht infrage, Texte automatisch schreiben zu lassen.

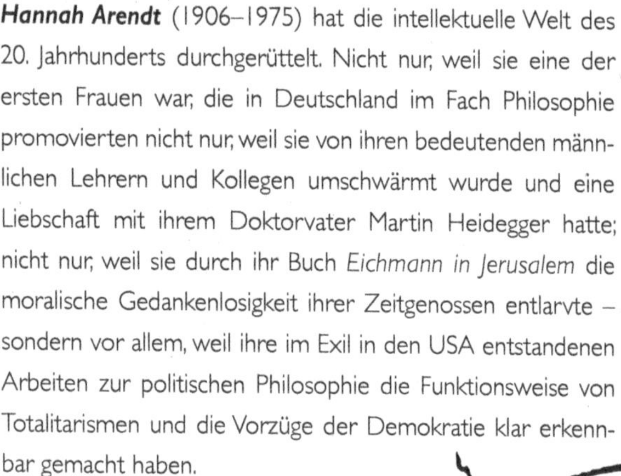

Hannah Arendt (1906–1975) hat die intellektuelle Welt des 20. Jahrhunderts durchgerüttelt. Nicht nur, weil sie eine der ersten Frauen war, die in Deutschland im Fach Philosophie promovierten nicht nur, weil sie von ihren bedeutenden männlichen Lehrern und Kollegen umschwärmt wurde und eine Liebschaft mit ihrem Doktorvater Martin Heidegger hatte; nicht nur, weil sie durch ihr Buch *Eichmann in Jerusalem* die moralische Gedankenlosigkeit ihrer Zeitgenossen entlarvte – sondern vor allem, weil ihre im Exil in den USA entstandenen Arbeiten zur politischen Philosophie die Funktionsweise von Totalitarismen und die Vorzüge der Demokratie klar erkennbar gemacht haben.

Kant sagt: Hände weg von Fake-News!

Demagogen und Volksverhetzer nehmen es mit der Wahrheit nicht so genau. Statt verlässlich zu informieren, setzen sie Fake-News in die Welt und führen die Menschen durch Desinformationen in die Irre. Die Folgen dieser Strategie sind offensichtlich: Das Vertrauen in die Medien erodiert, die Demokratie ist in Gefahr. Hier nennt der preußische Meisterdenker Immanuel Kant die Gründe, warum Fake-News und Lügen in jedem Fall unmoralisch sind.

Herr Kant, jetzt mal unter uns: Sind Lügen wirklich auf jeden Fall abzulehnen, oder ist nicht hier und da mal eine kleine Notlüge oder Verdrehung der Wahrheit erlaubt?

Die Antwort auf Ihre Frage, Verehrtester, liegt auf der Hand: Lügen sind unter keinen Umständen moralisch akzeptabel. Das gilt, wie ich weiland in meinem Essay »Über ein vermeintes Recht aus Menschenliebe zu lügen« gezeigt habe, nicht bloß für absichtlich in die Welt gesetzte Lügen, mittels derer ihr Urheber sich persönliche Vorteile zu verschaffen trachtet; nein, es gilt für jede Lüge – selbst für eine solche, die aus bestem Antriebe getätigt wurde.

Das klingt ziemlich rigoros. Haben Sie das wirklich so gemeint?

Absolut. In dem erwähnten Text befasste ich mich mit der Frage, ob es moralisch zu vertreten sei, wenn ich einen gedungenen Mörder, der danach fragt, ob er meinen Freund, der sich bei mir versteckt hält und den er zu töten beabsichtigt, sprechen könne, mit einer Notlüge abwimmele, um durch einen solchen Fake das Leben meines Freundes zu bewahren. Zu der Antwort, die ich darauf gab, stehe ich noch immer ohne jedes Wenn und Aber: »Es ist ein heiliges, unbedingt gebietendes, durch keine Konvenienzen einzuschränkendes Vernunftgebot; in allen Erklärungen wahrhaft (ehrlich) zu sein« – also nicht zu lügen.

Ihre Sichtweise ist nicht nur rigoros, sondern auch kontraintuitiv. Haben Sie nicht ziemlich viel Kritik dafür einstecken müssen?

Gewiss, schon damals – es war wohl im Jahre 1797 – habe ich mir das eingehandelt, was Ihre jungen Leute heute einen Shitstorm nennen: Wie kann der Kant jemanden tadeln, der durch eine Notlüge das Leben seines Freundes retten will? So hieß es. Und: Wäre es nicht umgekehrt ein Zeichen äußerster Verderbtheit, wenn ein Mensch das Leben seines Freundes aufs Spiel setzte, nur weil er partout moralisch sauber bleiben möchte? So in etwa lautete die Kritik, der ich mich damals zu erwehren hatte. Aber ich blieb standhaft, war ich mir doch meiner Sache sicher: Die Vernunft gebietet mir mit unbedingter Autorität, auf keinen Fall zu lügen. Oder soll ich sagen: Sie diktiert mir die unbedingte Pflicht zur Wahrhaftigkeit – völlig ungeachtet der Umstände? Deshalb, Verehrtester, sind Fake-News immer unmoralisch, selbst wenn ihr Urheber die moralisch besten Intentionen damit verfolgt – was freilich von den Großmeistern der Fake-News nicht behauptet werden kann.

Jetzt haben Sie Ihre kompromisslose Haltung zwar dargestellt und auf die Fake-News-Thematik angewandt – Sie sind uns aber noch eine Begründung schuldig, warum es auf keine Weise erlaubt sein kann zu lügen.

Lassen Sie mich Ihnen meine Begründung für die unbedingte und ausnahmslose Pflicht zur Wahrhaftigkeit ersparen. Dafür müsste ich Ihnen meine Herleitung des Kategorischen Imperativs aus den *Grundlagen zur Metaphysik der Sitten* referieren. Schon mancher sogenannte Profiphilosoph ist dabei aus der Kurve geflogen. Die Strenge meines guten alten preußischen Denkens ist, mit Verlaub, nicht gerade jedermanns Sache …

Nein, verehrter Herr Kant, so leicht können Sie sich nicht aus der Affäre ziehen.

Nun gut, dann lassen Sie mich das Ganze ein wenig abkürzen und Ihnen eine einfache und auch für Laien einsichtige Überlegung vortragen: Was, so möchte ich Sie fragen, wird dem widerfahren, dessen Worte man der Unwahrhaftigkeit zu überführen weiß – und dies nicht nur einmal, sondern zweimal oder gar ein drittes Mal? Der Volksmund weiß es: Wer zweimal lügt, dem glaubt man nicht, obwohl er doch die Wahrheit spricht. Das heißt: Wer lügt – egal mit welcher Absicht –, verliert das Vertrauen seiner Mitmenschen.

So weit kann ich folgen.

Gut, dann weiter: Wenn das Lügen um sich greift und als Mittel der Meinungs- oder Stimmungsmache genutzt wird – wie dies dem Vernehmen nach selbst in demokratischen Staaten dieser Welt geschieht –, dann erodiert das Vertrauen einer ganzen Gesellschaft, weil so die Basis des Miteinanders zerbricht. Kein Vertragsschluss ist mehr möglich, wenn man sich nicht mehr darauf verlassen kann, dass der Vertragspartner die Wahrheit sagt. Keine Politik ist mehr möglich, keine Geschäfte und keinerlei Beziehung. Das aber kann niemand wollen. Und genau deshalb gibt es die Pflicht zur Wahrhaftigkeit. Wer lügt – egal mit welcher Absicht –, widerspricht seinen eigentlichen Intentionen. Und das ist nicht nur trump – äh, dumm –, sondern auch unmoralisch. Deshalb: Hände weg von Fake-News. So ein Schuss geht, wenn auch manchmal über Ecken, zuletzt immer ins eigene Knie.

Immanuel Kant (1724–1804) gilt nicht nur als bedeutendster Aufklärer des 18. Jahrhunderts, sondern auch als sittenstrenger preußischer Moralphilosoph. Und das nicht ohne Grund. In seiner *Grundlegung zur Metaphysik der Sitten* entwickelte er eine Ethik, die das Handeln des Menschen unter den unbedingten beziehungsweise kategorischen Imperativ der Vernunft stellt. Daraus ergeben sich strikte Gebote und Pflichten, zum Beispiel das Verbot zu lügen, wie er in seinem Essay *Über ein vermeintes Recht aus Menschenliebe zu lügen* von 1797 dargelegt hat.

Teil 2

Arbeit und Beruf

Marc Aurel sagt: Work-Life-Balance? Kannst du vergessen!

Mehr denn je achten Beschäftigte heute darauf, dass sie nicht zu viel Zeit und Energie für ihre Arbeitgeber aufwenden und genug freie Zeit für die eigene Potenzialentfaltung übrigbleibt. Work-Life-Balance heißt das Zauberwort. Aber wie kann man das hinbekommen? Der stoische Philosoph und römische Kaiser Marc Aurel erklärt sein Rezept für erfolgreiches Zeitmanagement.

Majestät, Kaiser, Imperator – keine Ahnung, wie man Sie ansprechen muss – wie verhindere ich zu viel Stress auf der Arbeit?

Zeit ist ein kostbares und knappes Gut. Als römischer Kaiser weiß ich, wovon ich rede. Das Imperium war riesig, die Kommunikationsmittel waren bescheiden, ich hatte zahlreiche Widersacher und war ständig auf Reisen, oder ich führte Krieg gegen die wilden Germanenstämme nördlich der Donau. Arbeit über Arbeit – doch der Tag hatte genau wie heute nicht mehr als 24 Stunden. Angesichts der Überfülle meiner Pflichten und Aufgaben gab es nur ein Mittel, um nicht dem Wahnsinn zu verfallen: Disziplin.

Disziplin? Haben Sie wirklich nichts Besseres zu bieten?

Oh, ich weiß sehr gut, dass Disziplin in Ihrer Welt nicht gerade hoch im Kurs steht. Doch vielleicht ist ja gerade das Ihr Problem: dass Sie sich selbst nicht fest genug im Griff haben, sich ablenken lassen und Ihre Zeit mit unnützem Zeug vertrödeln.

Woran denken Sie dabei?

Was »unnützes Zeug« ist, wollen Sie wissen? Unnützes Zeug ist alles, was Sie davon abhält, das zu tun, was jetzt und hier zu tun ist – ohne einen Gedanken an irgendetwas anderes zu verschwenden. Mein Gott, es gibt bei Ihnen Leute, die den lieben, langen Arbeitstag ständig abgelenkt sind, an ihren Mobiltelefonen hängen, rumtwittern oder sich den Kopf über Börsenkurse zerbrechen. Hätte ich mit so etwas angefangen ... ich wäre keine zwei Tage im Amt geblieben. Nein, wenn man seine kostbare Lebenszeit mit so viel Müll verplempert, braucht man sich nicht zu wundern, wenn man weder seine Arbeit noch sein Privatleben auf die Reihe bekommt. Glauben Sie mir: Disziplin ist das Geheimnis eines guten Lebens, und Konzentration ist das Geheimnis jedes erfolgreichen Zeitmanagements.

Gut, aber was heißt das konkret?

In meinen Aufzeichnungen finde ich folgende Notiz: »Trachte danach, die Aufgabe, die gerade vor dir liegt, mit gesammelter Kraft und in ernster, aber unverkrampfter Würde, in Liebe zu deinem Nächsten, in innerer Freiheit und Gerechtigkeit als Römer und als Mann zu erfüllen, und verschaff dir Ruhe von allen anderen Gedanken!« Nun gut, den »Römer« erlass ich Ihnen, und den »Mann« können Sie von mir aus durch »Mensch« ersetzen – ansonsten sind diese Worte noch immer wahr und gültig: Liebe und Würde, denken Sie daran!

Aber das ist leichter gesagt als getan.

Zugegeben. Deshalb hier mein Vorschlag, was Sie tun können, um diese disziplinierte und konzentrierte Haltung auszubilden: »Verrichte jede Handlung so, als ob es die letzte deines Lebens wäre, frei von jeder Planlosigkeit, frei von Leidenschaft, die dich dem gesunden Urteil der Vernunft entzieht, frei von Pose und Selbstliebe, frei von Unmut über das Los, das dir das Schicksal zugedacht hat.« So einfach ist das: Räumen Sie Ihren Kopf auf, und alles wird gut! Vor allem hören Sie auf, sich einzureden, es ginge bei allem vor allem um Sie. Lächerlich. Nicht mal um mich als römischen Kaiser ist es je gegangen. Es geht immer nur um das, was gerade dran ist.

Sie meinen, es würde mich entstressen, wenn ich weniger um mich und mein Wohlergehen kreisen würde?

Absolut. Vor allem würden Sie dieses merkwürdige Thema loswerden, das Sie *Work-Life-Balance* nennen – also die Frage, wie Sie Ihr privates und Ihr berufliches Leben ins Gleichgewicht bringen können. Diese Frage stellt sich gar nicht, wenn Sie immer – wirklich immer – nur *Ihre* Arbeit verrichten: Ihre eigene, von Ihnen gewünschte und für richtig befundene Arbeit; wenn Sie einfach handelten, ohne sich damit aufzuhalten, darüber zu lamentieren, dass nun auch noch dieses oder jenes zu tun sei, dass Ihr fauler Adjutant Ihnen wieder schlecht zugearbeitet habe, dass Ihre Frau nun auch noch Aufmerksamkeit von Ihnen wolle … Schluss damit, handeln Sie einfach! Greifen Sie zum mentalen Schwert und hauen Sie diese Gedankenkette durch. Zack, schon sind Sie wieder frei im Hier und Jetzt, ganz bei sich und nicht bei etwas, auf das Sie eh keinen Einfluss haben.

Marcus Aurelius Antoninus Augustus (121–180) stand zwischen 161 bis 180 zwanzig Jahre lang als Kaiser an der Spitze des römischen Reiches. Seine Regierungszeit gilt als die letzte Blütezeit des Imperiums, gelang es ihm doch, in seinem gigantischen Reich den inneren Frieden und Zusammenhalt sicherzustellen, obwohl dessen nördliche und östliche Grenzen fortwährend bedroht waren. Deshalb verbrachte er den Großteil seiner Amtszeit im Feldlager, wo er auch seine von der stoischen Philosophie inspirierten *Selbstbetrachtungen* niederschrieb. Marc Aurel starb fernab von Rom in der Grenzstadt Vindobona, heute bekannt unter dem Namen Wien.

Hannah Arendt sagt: Kreative Menschen sind unersetzlich

Was wird aus uns, wenn die Digitalisierung in der Arbeitswelt voranschreitet und künstliche Intelligenzen unsere Büros erobern? Droht uns allen die Arbeitslosigkeit, oder gibt es Berufsfelder, die bis auf Weiteres von der digitalen Kolonialisierung verschont bleiben werden? Wie niemand sonst hat sich die Philosophin Hannah Arendt mit dem tätigen Leben der Menschen befasst. Sie kann uns sagen, wohin sich die Arbeit im digitalen Zeitalter entwickelt.

Frau Arendt, werden Roboter uns künftig unsere Jobs wegnehmen?

Haben Sie Feuer? – Danke. – Bei Fragen wie diesen muss ich eine rauchen. Dann kann ich besser denken. Davon abgesehen hat meine Frage eine tiefere Bedeutung, die etwas mit dem Thema zu tun hat, das Sie mir aufgetragen haben. Denn ob Ihnen im Zuge der Digitalisierung der Arbeitswelt Maschinen Ihren Job wegnehmen werden, wird sich daran entscheiden, ob Sie Feuer haben: einen Antrieb, der Sie immer neu ins Handeln bringt.

Machen Sie es sich da nicht ein bisschen zu einfach? Viele Leute, deren Jobs in der Vergangenheit wegrationalisiert wurden, litten keineswegs an mangelnder Motivation.

Das stimmt, aber mir geht es um etwas anderes: um das, was ich das Handeln nenne. Handeln heißt auf Griechisch *praxis* – eine Tätigkeitsform, die Aristoteles von demjenigen abgrenzte, was er *poiesis* nannte: Machen, Herstellen, Produzieren. Unser Wort *Poesie* stammt daher. Die Antwort auf Ihre Frage lautet auf den Punkt gebracht: Sofern Sie bei Ihrem Job eine *praxis* ausüben, also handeln, können Sie unbesorgt in die Zukunft blicken; bei den Tätigkeiten der *poiesis* sind die Aussichten eher düster.

Das müssen Sie uns erklären. Was genau ist diese poiesis?

In meinem Buch *The Human Condition* von 1959, das auf Deutsch unter dem Titel *Vita Activa* erschienen ist, habe ich für *poeisis* das Wort *work* beziehungsweise *Herstellen* verwendet. Es geht dabei um jede Form der Produktion: von der Arbeit eines antiken Töpfers über die Industriearbeit des 19. Jahrhunderts bis zu zeitgenössischen Start-ups, die Internetseiten bauen. Immer ist *work* eine zielgerichtete Tätigkeit, die ihren Sinn darin findet, ein Produkt herzustellen. Um sie erfolgreich zu verrichten, brauchen Sie technische Fertigkeiten und ein Verfahren, wie Sie jeweils an Ihr Ziel kommen.

Und technische Abläufe können genauso gut – oder besser – von Maschinen ausgeführt werden. Das leuchtet ein. Aber wie wird das in Zukunft sein, wenn Chatbots und künstliche Intelligenzen in die Arbeitswelt einziehen?

Genauso, denn die Algorithmen der künstlichen Intelligenz sind genau genommen nichts anderes als zielführende Verfahren. Sie zu entwickeln und praktisch zu exekutieren ist etwas, was Roboter und KIs sehr viel besser und schneller können als Sie. Deshalb werden herstellende und produzierende Tätigkeiten – einschließlich der digitalisierbaren Formen von *work* – in Zukunft nicht mehr von Menschen verrichtet werden. Und wenn es dabei nur darum geht, in einem standardisierten Verfahren ein Dokument aufzusetzen. Auch Rechtsanwälte und Sachbearbeiter verrichten häufig *work*.

Wie steht es aber um andere Berufsfelder? Landbau und Handel zum Beispiel oder die soziale Arbeit. Dabei geht es ja nicht bloß um Herstellung.

Diese Tätigkeiten fallen unter das, was ich *labour* nenne: *Arbeit*. Denken Sie dabei an alle Tätigkeiten, die etwas mit den Zwängen unserer physischen Verfassung zu tun haben und die mit ermüdender Regelmäßigkeit immer neu verrichtet werden müssen: Landbau, Kochen, Körperpflege, Altenpflege – um ein paar Beispiele zu nennen. Auch sie werden künftig auf Maschinen übergehen; allerdings zu dem hohen Preis der Menschlichkeit. Die Alten- und Krankenpflege etwa wird nur dann von Maschinen verrichtet werden können, wenn sie als Dienstleistungstechnik an normierten Menschen vollzogen wird: ohne Rücksicht auf deren Einmaligkeit und Besonderheit.

Und was bleibt für uns Menschen dann noch zu tun? Viel kann es nicht sein.

Übrig bleibt nur die *praxis*, das Handeln, auf Englisch *action*, zu dem auch das Sprechen gehört. »Sprechend und handelnd unterscheiden Menschen sich aktiv voneinander; sie sind die Weisen, in denen sich das Menschsein selbst offenbart«, habe ich geschrieben. Alle schöpferischen und kreativen, ebenso wie alle politischen und unternehmerischen Tätigkeiten sind Formen von *action* – alles, was weder der Vorgabe eines Ziels noch dem Zwang der Natur folgt, sondern bloß ihrem inneren Antrieb. Handeln ist zutiefst menschlich, es gründet im »Faktum der Natalität«.

Frau Arendt, diesen Begriff habe ich noch nie gehört. Was heißt das?

Natalität bezeichnet den Umstand, dass Sie geboren wurden und selbst als Neuling, als Anfänger zur Welt gekommen sind. Wenn Sie einen Job haben, bei dem Sie schöpferisch handeln, können Sie unbesorgt sein. Da Roboter nicht geboren werden, können Sie Ihnen nicht das Wasser reichen. Entscheidend ist nur, dass Sie wirklich handeln, sich in der Welt zeigen und immer wieder neu etwas anfangen. Deshalb: Haben Sie Feuer?

Hannah Arendt (1906–1975) beschäftigte sich Zeit ihres Lebens mit der Frage, was es mit dem praktischen Leben des Menschen auf sich hat. In ihrem Buch *Vita Activa* (englische Ausgabe: *The Human Condition*) analysierte sie die unterschiedlichen Formen menschlicher Tätigkeit und beschrieb es als Wesensmerkmal des Menschen, nicht nur Dinge herzustellen, sondern als individuelle Person zu handeln und zu sprechen.

Goethe sagt: Grübel nicht rum, sondern tu etwas

Kaum ist die Schule geschafft, kommt schon die nächste Herausforderung: die Berufswahl. Welche Ausbildung wähle ich? Welchen Weg schlage ich ein? Vor diesen Fragen standen auch die Großen der Vergangenheit. Johann Wolfgang von Goethe zum Beispiel. Hier verrät er, wie man seine Berufung finden kann.

Herr Goethe, Sie haben eine eindrucksvolle Biografie: Nach der Schule haben Sie Jura studiert, dann aber als Schriftsteller Karriere gemacht. Ihr Erfolg führte Sie nach Weimar, wo Sie als Minister dienten. Und dann waren Sie auch noch Naturforscher. Was davon war nun ihre Berufung?

Alles. Denn ich hatte nur eine Berufung: Goethe zu sein. Und das bin ich geworden, ohne dass ich mich groß gefragt hätte, was meine Berufung ist. Jurist wurde ich, weil mein alter Herr partout wollte, dass ich Jura studiere. Offengestanden, hatte ich überhaupt keinen Nerv dazu. Aber es gab mir die Chance, von zu Hause wegzukommen. Und das war gut, denn in Leipzig hatte ich dann die Freiheit zu tun, wonach mir der Sinn stand. Und das waren Kunst und Poesie. Das wurde mir in dieser Zeit erst richtig klar.

Wollen Sie damit sagen, dass es völlig okay ist, sich nach dem Schulabschluss ein bisschen treiben zu lassen und zu schauen, wohin es einen zieht?

Nicht ganz. Sich treiben zu lassen ist mir zu passiv. Sie müssen schon etwas unternehmen, sich ausprobieren. Ich habe ja nicht daheim in Frankfurt gesessen und vor mich hin gegrübelt, was ich tun soll. Nein. Vater sagte: »Geh studieren!« Ich hab's gemacht, bin ausgezogen, habe es versucht und festgestellt, dass das nicht mein Weg war. Wenn Vater gesagt hätte: »Mach' erst mal eine Ausbildung zum Schreiner, hätte ich es wahrscheinlich auch gemacht – zumindest wenn ich damit von zu Hause weggekommen wäre. Was ich sagen will: Besser als rumhängen ist es, irgendetwas auszuprobieren – egal was. Und wenn dir nichts einfällt, dann lass es dir von jemandem sagen, der dich kennt und der es gut mit dir meint.

Aber der Schuss kann doch auch nach hinten losgehen. Was, wenn ich etwas anfange, was gar nicht zu mir passt? Viele Ihrer Dichterkollegen sollten Pfarrer werden und haben schwer darunter gelitten.

Hätte ich an deren Stelle auch … (lacht). Ja, da hatte ich mehr Glück, das stimmt; und ein bisschen Glück brauchen Sie wohl auch. Aber noch wichtiger ist der Mut, sich aufs Leben einzulassen. Ein Beispiel: Als mich der Fürst nach Weimar rief, dachte ich nicht im Traum daran, bei ihm Finanzminister zu werden. Ich dachte: »Das wird ein nettes Stipendium, was mir für ein paar Jahre die Freiheit zum Schreiben gibt – und zum Flirten, aber das lassen wir jetzt mal beiseite.« Na ja, und dann sollte ich mich um Geld und Bergbau kümmern. Ich hatte keine Ahnung davon, aber ich habe Ja gesagt. Und das war gut. Ohne die Erfahrung als Politiker wäre ich nie Goethe geworden. Deshalb noch mal: Nimm die Angebote an, die dir das Leben macht. So findest du deine Berufung.

Zu Ihrer Zeit war das leichter. Heute gibt es so viele Möglichkeiten. Wo soll man da anfangen?

Guter Punkt. Deshalb habe ich in meinem *Wilhelm Meister* geschrieben, dass es für einen jungen Menschen am besten sei, »wenn er von der Natur mit mäßigem, ruhigem Sinn begabt ist, um weder unverhältnismäßige Forderungen an die Welt zu machen, noch auch von ihr sich bestimmen zu lassen«. Berufung ist das Ergebnis einer Wechselwirkung, wie bei einem Gespräch. Du fragst etwas, du bekommst Antwort. Du fragst etwas anderes. Irgendwann hast du's verstanden. Dann hast du rausgefunden, was für dich stimmt. Aber das geht nur, wenn du dich auf's Gespräch einlässt. Es macht nichts, sich dabei mal zu verirren. Solange du im Gespräch bleibst, gibt es keine verlorene Zeit. Der einzige Fehler, den du tun kannst, ist rumsitzen, nichts tun und auf die Erleuchtung warten.

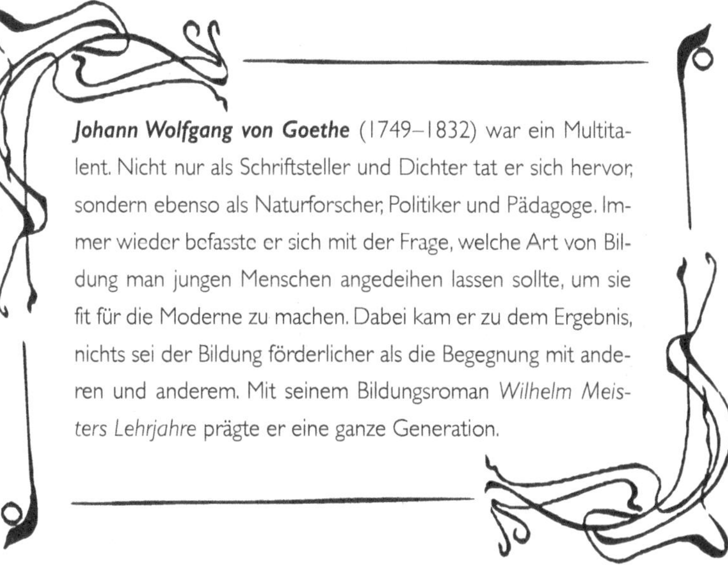

Johann Wolfgang von Goethe (1749–1832) war ein Multitalent. Nicht nur als Schriftsteller und Dichter tat er sich hervor, sondern ebenso als Naturforscher, Politiker und Pädagoge. Immer wieder befasste er sich mit der Frage, welche Art von Bildung man jungen Menschen angedeihen lassen sollte, um sie fit für die Moderne zu machen. Dabei kam er zu dem Ergebnis, nichts sei der Bildung förderlicher als die Begegnung mit anderen und anderem. Mit seinem Bildungsroman *Wilhelm Meisters Lehrjahre* prägte er eine ganze Generation.

Platon sagt: Konkurrenz ist gut, Kooperation ist besser

Jede will die Beste sein, jeder will gewinnen. So lehrt es nicht nur die Volkswirtschaftslehre, so lehrt es auch das Leben: Wettbewerbe, Pitches, Slams, wo man auch hinschaut. Immer geht es darum, sich gegen andere durchzusetzen. Aber bringt uns das wirklich weiter? Der antike Meisterdenker Platon bezweifelt das. Er meint, dass Ehrgeiz zwar gut, Konkurrenzdruck aber schädlich ist.

Herr Platon, hatten Sie je den Ehrgeiz, der beste Philosoph Ihrer Zeit zu sein?

Selbstverständlich. Immer war es mir ein Anliegen, dem Ideal des Philosophen so nah wie möglich zu kommen. Meine griechische Sprache kennt dafür das Wort *areté*, was so viel bedeutet wie Bestheit. Wenn ein Messer gut schneidet, hat es *Bestheit.* Wenn ein Staat gerecht ist, hat er *Bestheit.* Wenn ein Philosoph der Weisheit nahekommt, hat er *Bestheit,* ist er am *besten.* Möglichst weise zu sein war mein Ziel.

Pardon, aber das ist nicht, was ich meinte. Ich wollte wissen, ob es Ihnen wichtig war, besser als andere zu sein, also etwa Ihren Schüler Aristoteles oder Ihren Rivalen Isokrates auszustechen?

Ah, ja, aber natürlich. Ich vergaß, dass Sie ein Neuzeitler sind. Wenn Sie vom »Besten« reden, denken Sie im Vergleich. So nach dem Motto: »Von den Athener Philosophen war Platon der beste. Der hätte auf dem Siegertreppchen ganz oben gestanden. Sokrates und Aristoteles hätten nur Silber und Bronze bekommen.« Wir alten Griechen dachten anders. Für uns war nicht wichtig, wer besser als ein anderer ist, sondern wer der Vollkommenheit am nächsten kommt. Wer der Beste ist, bemisst sich nur am Ideal.

Aber Ihr Griechen habt doch bei jeder Gelegenheit Wettkämpfe veranstaltet, bei denen es immer nur darum ging, wer der Beste ist. Eure Olympiasieger wurden wie Götter verehrt.

Genau. Die Sieger wurden von uns wie Götter verehrt, weil sie den Göttern am nächsten kamen. Wenn, sagen wir mal, Diagoras von Rhodos den Faustkampf gewann, dann wurde er verehrt, weil er so stark wie Herakles war: die Inkarnation der vollkommenen Körperkraft. Das Gekloppe im Ring diente nur dazu herauszufinden, wer den Herakles am besten inkarnierte. Der war dann der Beste, der war der Gewinner. Nicht weil er seine Gegner umgehauen hat, sondern weil er dem größten unserer Helden glich.

Wir sagen heute: »Konkurrenz belebt das Geschäft.« Würden Sie den Satz unterschreiben?

Wenn Konkurrenz die Menschen dazu anspornt, ihr Bestes zu geben und in ihrer Disziplin so gut wie möglich zu sein, dann ja. Denn das motiviert sie dazu, das Beste aus sich herauszuholen. Doch wenn Konkurrenten nur das Ziel verfolgen, ihre Gegner fertigzumachen, führt der Wettbewerb zum Gegenteil. Dann werden die Wettkämpfer gemein. Statt ihr Bestes zu geben, entfesseln sie ihr Schlechtestes. Statt sich an ihren Möglichkeiten zu freuen, gieren sie nur nach dem Sieg. Das gilt auch für eure Wirtschaft. Da scheint mir die Konkurrenz weniger das Geschäft zu beleben, als den Charakter zu verderben.

Aber auf dem Markt funktioniert das Konkurrenzprinzip bestens. Wären Apple und Samsung nicht Konkurrenten, hätten wir nicht so tolle Smartphones.

Ich wäre mir da nicht so sicher. Vielleicht hättet Ihr noch viel tollere Handys, wenn die beiden sich zusammentäten, um das beste Gerät aller Zeiten zu entwickeln. Ich habe festgestellt: Am besten sind Menschen nicht, wenn sie andere schlagen wollen, sondern wenn sie dafür brennen, eine Sache richtig gut zu machen – wenn der Eros, die leidenschaftliche Begeisterung, sie packt. Dann treibt sie ein guter Geist an, der sie zu echter Größe bringt, dann geben sie ihr Bestes. Wer jedoch nur besser als andere sein will, bleibt kleingeistig und engstirnig. Ja, wer immer nur gewinnen will, verliert zuletzt sich selbst.

Platon (428–348 v. Chr.) glaubte wie kein Zweiter an das Gute. Er war überzeugt davon, dass es im Wesen des Menschen liegt, ein gutes Leben führen zu wollen. »Gut« bedeutete für ihn allerdings nicht, den Forderungen der Moral zu genügen, sondern das menschliche Potenzial zur vollen Entfaltung zu bringen beziehungsweise im vollen Sinne Mensch zu sein. Wie das gelingen kann, stellte er in seinen zahlreichen Dialogen dar, die durch eine glückliche Fügung vollständig erhalten geblieben sind. Heute gilt Platon als einflussreichster Denker der westlichen Kultur.

Kierkegaard sagt:
Kündigen ist (meist) auch keine Lösung

Wer wünscht sich nicht einen Job, bei dem er sich selbst verwirklichen kann? Und wer denkt nicht an Kündigung, wenn daraus nichts wird? Aber was genau heißt es, sich selbst zu verwirklichen? Diese Frage hat den dänischen Philosophen Søren Kierkegaard Zeit seines Lebens umgetrieben. Vor allem hat er sich gefragt, was es mit dem »Selbst« auf sich hat.

Herr Kierkegaard, sollte ich meinen Job kündigen, wenn ich mich dabei nicht selbst verwirklichen kann?

Kündige, und du wirst es bereuen; kündige nicht, und du wirst es gleichfalls bereuen. So etwas in der Art habe ich mal geschrieben, als ein Freund mich fragte, ob er heiraten oder die Beziehung quasi »kündigen« solle. Wirklich geholfen hat's ihm nicht. Genauso wenig wie es dir hilft, wenn ich dir sage: Kündigen oder nicht, es macht keinen Unterschied. Aber weißt du, warum ich das sage? Ich sage es, um dich darauf zu stoßen, wo dein eigentliches Problem steckt: Nicht in der Frage, ob du kündigen sollst oder nicht, sondern in der Frage, was du eigentlich damit meinst, du könnest dich »nicht selbst verwirklichen«. Von wem ist hier die Rede? Wer ist das ICH, und wer ist das SELBST? Hast du da schon mal drüber nachgedacht?

Ehrlich gesagt nicht, aber was genau tut es zur Sache?

Sehr viel, mein Freund, denn solange du nicht weißt, wer du bist, ist es schnurzegal, ob du kündigst oder nicht. Also, wer ist das ICH, das hier fragt, ob es kündigen soll? Hast du ein klares Bild von dir, sodass du sagen könntest: »Also eigentlich bin ich dies und das, aber die Umstände verhindern, dass ich mein Potenzial entfalten kann.«

Na ja, ich habe schon eine Idee, wie ich gerne arbeiten oder leben würde.

Klar, aber so funktioniert das nicht. Denn wenn du glaubst, du wüsstest, wer du bist und welches Potenzial du unbedingt entfalten musst, dann wirst du scheitern. In diesem Fall bist du von dem infiziert, was ich die »Krankheit zum Tode« genannt habe. Sie tritt auf, wenn du verzweifelt versuchst, du selbst zu sein.

Wieso ist es eine Krankheit, wenn man versucht, seinen Wünschen und Vorbildern gemäß zu leben?

Schon klar, dass du das fragst, wo doch alle möglichen Küchenpsychologen behaupten, du könntest dein ICH verwirklichen, wenn du nur richtig wolltest. Die Wahrheit aber ist: Wenn du von der Idee besessen bist, du wüsstest, wer dein ICH ist, und du könntest mit der Kraft deines Willens dieses ICH verwirklichen, wirst du keinen Schritt weiterkommen. Vergiss es! Das führt zu nichts – vor allem nicht zur Selbstverwirklichung.

Aber wieso?

Erkläre ich dir gleich. Aber vorher muss ich dir noch die zweite Form der »Krankheit zum Tode« erklären: jene, die dann auftritt, wenn du verzweifelt versuchst, *nicht* du selbst zu sein. Das passiert, wenn du glaubst, du seist das, wozu du de facto geworden bist: angestellt bei einer Firma, in der du dich nicht wohlfühlst, abgestumpft von der Routine, intellektuell unterfordert, von der Chefetage nicht angemessen geschätzt et cetera. ICH ist hier nicht die *Idee*, wie du gerne sein willst, sondern die *Realität*, die du vorfindest, wenn du in den Spiegel schaust. So oder so, egal, ob du dein »eigentliches ICH« verwirklichen oder dein »uneigentliches ICH« loswerden willst, du wirst nicht glücklich. Weil weder das eine noch das andere einen Schlüssel zu mehr Selbstzufriedenheit bereitstellt.

Puh, das klingt ziemlich deprimierend und aussichtslos. Gibt es denn keinen Ausweg aus diesem Dilemma?

Doch, er steckt in dem Wörtchen »selbst«. Darüber hast du noch nie nachgedacht, stimmt's? Ich schon. Und ich habe eine geniale Antwort auf die Frage nach dem »Selbst«: »Ein Selbst ist ein Verhältnis, das sich zu sich selbst verhält.« Geil, oder?

Pardon, aber das müssen Sie mir erklären.

Okay. Das Selbst, das du verwirklichen willst – das gibt es nicht. Dein Selbst ist kein bestimmtes ICH, kein festes Ding. Das Selbst ist ein Geschehen, ein Prozess, ein ständiges Werden. Für deine Karriereplanung kommt es nur darauf an, dich diesem Prozess des Werdens anheimzugeben, anstatt einer fixen Idee von dir selbst nachzulaufen. Wichtig ist, dass du Lust darauf hast, nicht ein fertiges Ich, sondern ein fortwährend wachsendes Selbst zu sein: dich immer wieder neu zu dir zu verhalten, dich infrage zu stellen, die Herausforderungen des Lebens anzunehmen und als Chance zur Veränderung zu begreifen. Deshalb behaupte ich: Vorschnell zu kündigen führt zu nichts. Denn wenn du kündigst, um dein ICH zu verwirklichen, kündigst du in Wahrheit deinem Selbst.

Søren Kierkegaard (1813–1855) hatte kein glückliches Leben. Er kam aus einem streng religiösen Elternhaus, in dem er lernte, sich einer dauernden moralischen Introspektion zu unterziehen, von der seine zahlreichen Tagebucheinträge Zeugnis geben. Aus ihnen, wie auch aus seinen veröffentlichten Werken, spricht ein latent depressiver Mensch, der sich das Leben selbst da noch schwermachte, wo sein Glück zum Greifen nahe war: Die Verlobung mit der von ihm seit Jahren geliebten Regine Olsen löste er nach nur wenigen Tagen, weil er bezweifelte, sie glücklich machen zu können. Spätere Jahre waren von zähen Kämpfen mit der protestantischen Kirche überschattet. Enttäuscht und verbittert erlag Kierkegaard im Alter von nur 42 Jahren in seiner Heimatstadt Kopenhagen einem Schlaganfall.

Sokrates sagt: Coaching ist rausgeschmissenes Geld

Wer es sich leisten kann, hat einen Coach: für die Fitness, für das seelische Wohlergehen, für den beruflichen Erfolg. Ähnlich war es im alten Athen. Doch fanden die damaligen Coaches in Sokrates einen scharfen Kritiker. Hier erklärt der große Denker, was ihn noch immer am Coaching stört.

Herr Sokrates, Sie haben sich mit den sogenannten Sophisten legendäre Wortgefechte geliefert, weil diese Leute ihren Kunden in Aussicht stellten, die Kunst des guten Lebens zu vermitteln. Was hatten Sie an den Sophisten auszusetzen?

Nur eine winzige Kleinigkeit, mein Freund: Sie hielten nicht, was sie versprachen. Keiner meiner sophistischen Freunde hat je einen seiner Kunden besser gemacht. Du kannst übrigens Du zu mir sagen.

Na schön. Aber siehst du das nicht ein bisschen zu eng. Immerhin waren deine »sophistischen Freunde« exquisite Redner, die Menschenmengen begeistern konnten – und diese Kenntnis auch weitergaben.

Ganz unbenommen. Eure Coaches und Keynote-Speaker können das auch. Ich bewundere sie sehr dafür. Ich frage nur: Wird jemand dadurch ein guter Mensch, dass er großartig zu reden versteht? Wird einer dadurch mutig, dass er einen mitreißenden Vortrag über Mut hört?

Natürlich nicht sofort, aber Coaches können doch gute Ratschläge geben, wie man sein Leben optimieren kann – zum Beispiel sein Auftreten in der Öffentlichkeit oder seine Kommunikation.

Ja, ja, die Selbstoptimierung. Darauf seid ihr alle scharf, ihr neuzeitlichen Menschen. Und deshalb seid ihr bereit, einem jeden, der euch so etwas verspricht, absurde Honorare zu zahlen. Aber das ist rausgeschmissenes Geld, mein Freund. Genau wie meine sophistischen Freunde kommen eure Coaches gern mit ausgeklügelten Methoden: »Tu dies, tu das. Wende diese – von mir zertifizierte – Methode an, benutze dieses Tool, erlerne neue Skills, buche noch ein Seminar, und dann läuft das Ganze.«

Aber was ist daran auszusetzen?

Dass dir das nichts nützt, solange du nicht *verstanden* hast, was gut für dich ist. Du glaubst, du musst fit sein, also buchst du den Fitness-Coach. Du glaubst, du musst charismatisch auftreten, also buchst du einen Charisma-Coach. Du glaubst, du musst empathisch reden, also buchst du einen Empathie-Coach. Aber hast du je gefragt, ob du das wirklich brauchst? Könnte es sein, dass du einfach nur die Erwartungen anderer erfüllen willst? Oder dass es eine fixe Idee ist, die du dir in den Kopf gesetzt hast? Klar, gute Coaches helfen dir, so zu werden, wie du sein willst. Aber wer sagt dir, dass das, was du sein willst, auch wirklich gut für dich ist?

Du vermutlich?

Aber nein. Ich habe keine Ahnung, was gut für die Leute ist, mit denen ich mich unterhalte. Das ist es doch gerade. Ich kann sie nicht optimieren. Ich bin kein Experte. Ich habe kein Wissen, das ich zu Markte tragen könnte. Ich kann sie nur in ein Gespräch verwickeln, bei dem sie lernen, sich infrage zu stellen: ihre Werte, ihre Ziele, ihre fixen Ideen. Ich hole sie aus ihrer Komfortzone und lade sie ein zu denken. Aber das müssen sie selber machen. *Du* musst selbst rausfinden, wer du bist und was es heißt, ein schönes, gutes und wahres Leben zu führen. Das kann dir keiner abnehmen. Ich auch nicht.

Aber ist das nicht auch eine Art von Coaching?

Stimmt, warum eigentlich nicht? Ob das allerdings als Business funktioniert, weiß ich nicht. Es geht ja nur darum, gute Gespräche unter Freunden zu führen. Wenn Coaches das tun, haben sie meinen Segen.

Sokrates (470–399 v. Chr.) gilt als der Archetyp des griechischen Weisen. Berühmt wurde er für sein geflügeltes Wort »Ich weiß, dass ich nichts weiß«, mit dem er zu erkennen gab, dass man bei ihm keine theoretischen Kenntnisse erlernen kann, dafür aber in die Kunst des Denkens eingeführt wird. Sein Anliegen war es, Menschen aus dem Gefängnis der Meinungen und Konventionen zu befreien, um sie zu einem naturgemäßen und menschenwürdigen Leben zu befähigen.

Hannah Arendt sagt: Weniger Konsum, mehr Engagement!

Hauptsache Freizeit! Immer mehr Menschen folgen diesem Motto und können sich gar nicht früh genug ins Wochenende verabschieden. Wenn sie nicht gleich in Frührente gehen. Arbeiten ist jedenfalls nicht mehr angesagt. Aber was macht es mit uns, wenn uns die Lust zum Arbeiten verloren geht?

Frau Arendt, wie ist es um Ihre Work-Life-Balance bestellt?

Meine was?

Work-Life-Balance: das Gleichgewicht von Arbeit und Leben. Ich dachte, Sie kennen den Begriff. Immerhin haben Sie diverse Bücher in Englisch geschrieben.

Das Wort übersetzen kann ich auch. Aber ich verstehe nicht, was damit gemeint sein soll. Das klingt ja so, als gäbe es einerseits die Arbeit und andererseits das Leben. Aber was soll, bitte schön, eine Arbeit ohne Leben oder ein Leben ohne Arbeit sein? Man kann das eine nicht gegen das andere ausspielen, ohne einem Irrtum über die *Vita Activa* des Menschen zu erliegen – über die aktive Seite des Lebens.

Ja, Sie haben mal ein Buch mit diesem Titel geschrieben – *Vita Activa*. Aber was hat das mit der Work-Life-Balance zu tun?

Sehr viel. Als Erstes müssen wir verstehen, dass der Mensch ein tätiges Wesen ist. Untätigkeit bekommt uns nicht. Das bestätigen auch eure Mediziner. Das Zweite ist: Es gibt unterschiedliche Formen menschlicher Tätigkeit. Ich nenne sie: Arbeiten, Herstellen, Handeln. *Arbeit* ist das, was wir tun müssen, weil unsere Natur es verlangt: Nahrung beschaffen und zubereiten, Körperpflege, Putzen und so weiter. *Herstellen* meint alle Formen von Produktion: Sie stellen ein Produkt her oder Sie stellen es zur Verfügung. Sie machen etwas und verdienen Geld damit. Und nun sage ich: Arbeit ist notwendig, Herstellen ist nützlich. Aber glücklich sind wir nur, wenn wir handeln.

Hm, dafür müssen Sie kurz erklären, was Sie unter Handeln verstehen.

Handeln heißt: Sie zeigen sich als Person, Sie setzen sich für Ihre Werte ein, Sie werden politisch, engagieren sich. Sie übernehmen Verantwortung für sich und die Gesellschaft. Das ist es, was Menschen glücklich macht. Handeln gibt Ihrem Leben Sinn. Deshalb sollten Sie sich Zeit dafür nehmen.

Vielleicht wollen die Menschen ja gerade deshalb immer mehr Freizeit: Weil sie ihre persönlichen Potenziale entfalten und sich engagieren wollen.

Was ich in eurer Welt beobachte, ist eher das Gegenteil davon: Die Leute konsumieren. Sie gehen in Frührente, kaufen sich ein Wohnmobil und juckeln in der Gegend herum. Das ist kein Handeln. Oder sie verplempern nach Feierabend ihre Stunden in sozialen Netzwerken, vor dem Fernseher oder mit Computerspielen. Auch das ist kein Handeln. Dabei gäbe es so viel, wo sie handeln und sich engagieren könnten.

Na ja, aber die Erwerbsarbeit ist oft anstrengend. Da muss man sich doch auch mal erholen dürfen.

Gegen Erholung habe ich nichts einzuwenden. Meine Sorge ist nur, dass Ihre Zeitgenossen sich vor lauter Freizeitaktivitäten und Konsumbedürfnissen gerade nicht erholen, sondern immer mehr stressen. Und dass sie vor lauter Bedürfnisbefriedigung und Um-sich-selbst-Kreisen das Beste verpassen, was das Leben ihnen bieten kann: das Glück, gemeinsam mit anderen etwas Sinnvolles zu tun – etwas zu bewirken, was nicht bloß ihre Bedürfnisse befriedigt, sondern was sie wirklich erfüllt.

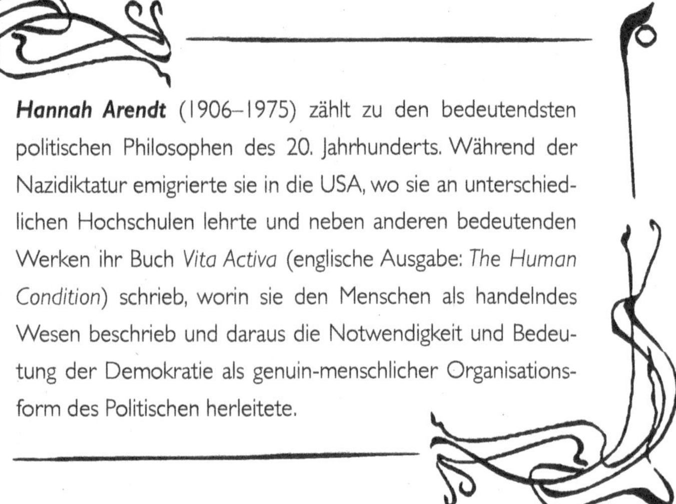

Hannah Arendt (1906–1975) zählt zu den bedeutendsten politischen Philosophen des 20. Jahrhunderts. Während der Nazidiktatur emigrierte sie in die USA, wo sie an unterschiedlichen Hochschulen lehrte und neben anderen bedeutenden Werken ihr Buch *Vita Activa* (englische Ausgabe: *The Human Condition*) schrieb, worin sie den Menschen als handelndes Wesen beschrieb und daraus die Notwendigkeit und Bedeutung der Demokratie als genuin-menschlicher Organisationsform des Politischen herleitete.

Teil 3

Sport und Spiel

Platon sagt: Lasst die Kinder spielen!

Noch bevor sie laufen lernen, können Kleinkinder heutzutage ein Tablet bedienen. Für Eltern ist das praktisch: Die Zwerge sind beschäftigt, nerven nicht rum und lernen idealerweise auch noch dabei. Und chaotische Spielzimmer gibt es auch nicht mehr. Aber ist das Praktische auch gut? Platon bezweifelt das. Seinerzeit war er ein großer Befürworter des Spielens, heute sieht er mit Sorge, wie sich die Kinderzimmer verändert haben.

Herr Platon, würden Sie Ihrem Kind ein Smartphone oder Tablet in die Hand drücken?

Auf keinen Fall. Kinder sollten spielen und nicht an irgendwelchen digitalen Endgeräten rumfummeln.

Schon klar, aber es gibt doch Anwendungen, die es Kleinkindern erlauben, an kindgerechten Computern aufregende und lehrreiche Spiele zu spielen.

Ach, ihr modernen Menschen, ihr blickt es einfach nicht. Ihr seid die Meister in der Kunst, euch selbst zu täuschen. Wäre es anders, dann würdet ihr sofort erkennen, dass es gänzlich unmöglich ist, mit digitalen Maschinen zu spielen.

Aber ich bitte Sie. Es gibt heute eine erfolgreiche Gaming-Industrie. Es gibt Milliarden von Menschen auf der ganzen Welt, die mit Leidenschaft Computerspiele spielen. Alles Selbsttäuschung?

Nicht unbedingt Selbsttäuschung, aber Selbstbetrug. Mit euren Computerspielen betrügt ihr euch um das Beste, was Spiele zu bieten haben. Aber vielleicht sollte ich kurz erklären, was es mit dem Spielen eigentlich auf sich hat.

Das klingt nach einem guten Vorschlag.

Schauen Sie, bei uns im alten Griechenland wurde dauernd gespielt. Aber nicht am Computer, sondern in der Öffentlichkeit, vor allem bei den Festspielen, die wir regelmäßig feierten. Von überall kamen die Menschen dabei zusammen, die Arbeit ruhte und man spielte miteinander: Sportspiele, Musikspiele, Zirkusspiele, Schauspiele. Unsere Spiele waren Feste – Feste zu Ehren unserer Götter, denen wir dadurch huldigten, dass wir uns für eine bestimmte Zeit und an einem bestimmten Ort genauso so verhielten wie sie: spielerisch. Und spielerisch heißt: Wir waren frei. Wir mussten nicht funktionieren. Wir konnten uns so zeigen, wie wir sind. Wir konnten unser Bestes geben, ohne irgendjemandem irgendetwas beweisen zu müssen. Genau das ist es, was Spiele und Götter gemeinsam haben: Sie genügen sich selbst, sie sind vollkommen frei.

Aber dann müssten Sie es doch großartig finden, wenn heute schon die Kleinkinder mit ihren Computern spielen.

Eben nicht. Computerspiele sind nicht frei. Sie genügen nicht sich selbst. Sie dienen einem Nutzen. Sie dienen dazu, die Kinder zu beschäftigen oder ihnen irgendetwas beizubringen. Sie sollen etwas lernen oder etwas leisten. Das sieht dann zwar aus wie ein Spiel, ist es aber nicht. Denn es geht dabei genauso zu wie im normalen Leben: Die Kinder bekommen eine Aufgabe, sie müssen sie erfüllen, sie werden dafür belohnt. Das alles ist unfrei. Auf lange Sicht ist es für die Kinder eher schädlich als förderlich.

Warum schadet es den Kindern?

Weil es ihr Verhalten formatiert: Sie lernen zu funktionieren. Wenn ich sage, dass Kinder spielen sollten, dann geht es mir um das genaue Gegenteil: dass Kinder lernen, frei zu sein – frei wie die Götter; dass sie einfach nur da sein und sich erproben dürfen; indem sie sich spielerisch die Welt aneignen; indem sie hüpfend, tanzend, singend ihren Körper ausprobieren; indem sie miteinander soziale Rollen einüben. All das können Kinder – und für all das sollte man ihnen Raum lassen. Denn nur so werden sie später zu individuellen Persönlichkeiten, die gelernt haben, sich frei und souverän in der Welt zu bewegen, anstatt bloß noch Maschinen zu bedienen und schlimmstenfalls abhängig oder spielsüchtig zu werden. Und damit sie sich auch in späteren Jahren ihren spielerischen Geist bewahren, sollten sie auch als Erwachsene immer wieder den Alltag unterbrechen, Feste feiern und Spiele spielen. Denn, wie ich in meinem Dialog über die *Gesetze* einstmals schrieb, der Mensch kann sein Leben nicht besser zubringen denn als stete Folge der schönsten Spiele zu Ehren der Götter.

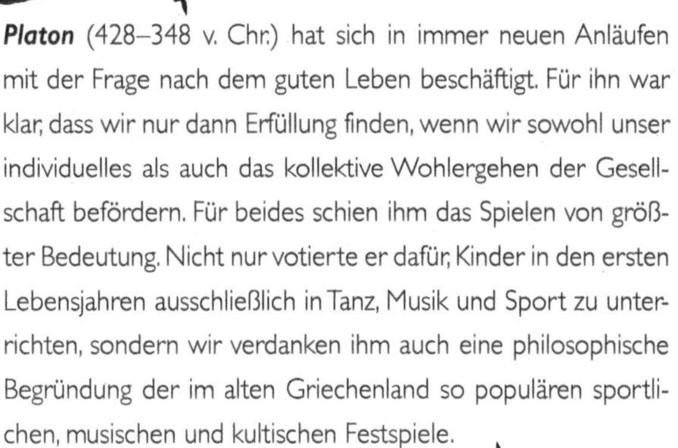

Platon (428–348 v. Chr.) hat sich in immer neuen Anläufen mit der Frage nach dem guten Leben beschäftigt. Für ihn war klar, dass wir nur dann Erfüllung finden, wenn wir sowohl unser individuelles als auch das kollektive Wohlergehen der Gesellschaft befördern. Für beides schien ihm das Spielen von größter Bedeutung. Nicht nur votierte er dafür, Kinder in den ersten Lebensjahren ausschließlich in Tanz, Musik und Sport zu unterrichten, sondern wir verdanken ihm auch eine philosophische Begründung der im alten Griechenland so populären sportlichen, musischen und kultischen Festspiele.

Schiller sagt: Nach dem Spiel ist vor dem Spiel

Spielen ist angesagt. Vor allem Computerspiele genießen große Popularität. Leidenschaftliche Gamer verbringen Stunden vor dem Monitor oder mit der Spielkonsole. Aber tut uns das Spielen wirklich gut? Ist Spielen nicht eher etwas für Kinder? Friedrich Schiller hat sich viel mit dem Thema Spiel befasst. Hier verrät er, warum er exzessives Gaming bedenklich findet.

Herr Schiller, Sie gelten als ein ernster und nachdenklicher Mensch. Haben Sie in Ihrem Leben auch mal gespielt?

Ob ich gespielt habe, fragen Sie mich? Aber ich bitte Sie! Natürlich habe ich gespielt, und das mit großer Begeisterung. Als junger Mann spielte ich nächtelang Karten, und so manchen Einfall zu einem Gedicht habe ich auf einer Spielkarte notiert. Später dann, als ich bei Caroline und Charlotte – meiner späteren Frau und ihrer Schwester – ein und aus ging, da liebten wir es, zu dritt Blinde Kuh zu spielen. Oh, das hatte einen leicht frivolen Reiz, den ich nicht leugnen kann und auch nicht leugnen möchte. Ja, zu meiner Zeit im späten 18. Jahrhundert spielten alle. Und die anzüglichen Spiele schätzten wir am meisten.

Spiele sind also aus Ihrer Sicht nicht nur etwas für Kinder, sondern auch für Erwachsene?

Absolut, denn – wenn's erlaubt ist, dass ich mich an dieser Stelle selbst zitiere – der Mensch ist nur da ganz Mensch, wo er spielt.

Mit diesem Wort werden Sie oft zitiert. Aber an welche Art von Spielen denken Sie dabei? Würden Sie Ihr Wort auch auf die heute so beliebten Computerspiele anwenden?

Nein, diese Spiele sind nicht das, woran ich denke. Warum? Die Antwort steht im selben meiner Briefe *Über die Ästhetische Erziehung des Menschen*: Der Mensch soll nur mit der Schönheit spielen. Davon kann ich bei den meisten »Games« nur wenig entdecken.

Was hat es mit der Schönheit auf sich, von der Sie sagen, sie allein sei ein würdiger Gegenstand des Spielens?

Wenn ich vom Schönen spreche, meine ich nicht irgendetwas hübsch Anzusehendes, sondern dasjenige, was den Eindruck erweckt, gänzlich in sich selbst zu ruhen; etwas, das um keines äußeren Nutzens willen da ist, sondern ganz sich selbst genügt. Denken Sie dabei an schöne Musik. Für Ihre Arbeit oder Ihr tägliches Leben ist sie unnütz. Sie folgt keinen äußeren Zwängen und Gesetzen. Sie ist einfach nur sie selbst. Und eben deshalb ist sie schön. Und bedenken Sie: Wir sagen nicht zufällig, Musik werde *gespielt*.

Wollen Sie damit sagen, dass Spiele dann schön sind, wenn sie keinem Nutzen dienen?

Genau, Spiele, die ihren Namen verdienen, sind gerade deshalb schön, weil sie für das Alltagsleben nutzlos sind; und weil Sie als Spieler gänzlich frei davon sind, irgendetwas Nützliches tun zu müssen, wenn Sie in die Spielwelt eintauchen. Deshalb können Sie sich beim Spiel selbst vergessen. Es geht nicht mehr um Sie, sondern um das Spiel, in dem Sie vollkommen aufgehen. Genau darin liegt das Glück des Spielens – und genau darin sind Sie wirklich Mensch.

Aber dieses Sich-selbst-Vergessen findet doch bei den digitalen Games genauso statt.

Zugegeben, eure »Games« sind spannend und faszinierend – ja, ich möchte sagen: fesselnd. Aber genau das widerspricht der Idee des schönen, freien Spiels. Ein Spiel sollte von Fesseln lösen. Die »Games« aber erzeugen Abhängigkeiten. Sie drängen die Spieler dazu, immer weiterzumachen – von einem Level zum nächsten. Sie ruhen nicht in sich, denn sie kommen an kein Ende. Schöne und freie Spiele hingegen haben Grenzen. Irgendwann sind sie vorbei. Wer weiterspielen will, muss von vorn anfangen. Nach dem Spiel ist vor dem Spiel. Übrigens auch bei Blinde Kuh.

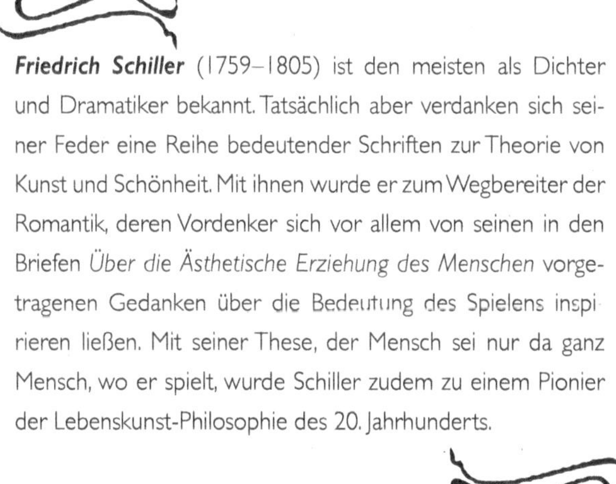

Friedrich Schiller (1759–1805) ist den meisten als Dichter und Dramatiker bekannt. Tatsächlich aber verdanken sich seiner Feder eine Reihe bedeutender Schriften zur Theorie von Kunst und Schönheit. Mit ihnen wurde er zum Wegbereiter der Romantik, deren Vordenker sich vor allem von seinen in den Briefen *Über die Ästhetische Erziehung des Menschen* vorgetragenen Gedanken über die Bedeutung des Spielens inspirieren ließen. Mit seiner These, der Mensch sei nur da ganz Mensch, wo er spielt, wurde Schiller zudem zu einem Pionier der Lebenskunst-Philosophie des 20. Jahrhunderts.

Nietzsche sagt: Wachse über dich hinaus!

Immer mehr Menschen haben Freude am Extremsport. Ob als Marathonläufer, Trailrunner oder Triathleten – sie lieben es, an ihre Grenzen zu gehen und über sich hinauszuwachsen. Aber bringt uns das auch weiter? Friedrich Nietzsche liebte die Extreme. Selbstüberwindung war für ihn eine der schönsten menschlichen Möglichkeiten. Nur verstand er darunter etwas anderes und Tieferes als die meisten Extremsportler.

Herr Nietzsche, was halten Sie von Menschen, die sich nichts Schöneres und Aufregenderes vorstellen können, als über ihre Grenzen zu gehen?«

Solche Menschen liebe ich. Ich finde es bewundernswert und respektabel, wenn jemand den Mut aufbringt, sich aus seiner Komfortzone zu wagen. Denn in der Fähigkeit, über sich selbst hinauszugehen, zeigt sich für mich der wahre Wert der Menschen. Wer solches schafft, verdient den Namen Übermensch – ein häufig missverstandenes Wort.

Wohl wahr, vor allem weil die Nazis diesen Begriff von Ihnen übernommen haben.

Nicht »übernommen«, sondern geklaut und missbraucht. So als ob ich für so etwas Bizarres wie »Herrenmenschen« votiert hätte. Das liegt mir völlig fern. Ein Übermensch ist in meinen Augen auch nicht ein Superman, der lauter Heldentaten verrichtet, sondern schlicht und ergreifend eine Person, die der Stimme ihres Herzens folgt und immer wieder ihre Ich-Konzepte überwindet. In meinem *Zarathustra* schrieb ich einst, große Menschen könne man daran erkennen, dass sie es wagen, »Pfeile der Sehnsucht nach dem anderen Ufer« zu sein – ja, dass sie sich selbst aufs Spiel setzen, weil sie nicht anders zu leben wissen denn als »Hinübergehende«.

Und deswegen mögen Sie Extremsportler – weil sie sich selbst aufs Spiel setzen und ihrer Sehnsucht folgen?

So ist es. Nur müssen wir genauer hinschauen. Denn längst nicht alle, die einem Extremsport nachgehen, sind solche »Hinübergehenden«. Die meisten tun nur so. Gar zu viele folgen bloß dem Gerede und den Moden ihrer Zeit. Denn gegenwärtig ist es schick, als Trailrunner über Bergrücken zu joggen. Und es ist angesagt, mit einem Mountainbike die steilsten Pässe zu bezwingen. Also machst du mit und folgst dem, was die vielen von dir fordern. In deren Augen willst du groß sein. Aber bist du es auch wirklich? Folgst du wirklich deiner Sehnsucht oder folgst du nur dem, was man dir als Ziel verkauft hat? Prüfe dich, mein Freund, denn sonst ist es um dich geschehen. Sonst gehst du wohl an die Grenze deines Körpers oder deiner Kräfte. Aber du gehst nicht an die Grenze deines Egos – geschweige denn, dass du sie überschreitest und wahrhaftig über dich hinauswächst.

Aber was soll das heißen, über die Grenzen des eigenen Egos hinauszugehen?

Wenn du wirklich ein echter Übermensch sein willst – einer der wirklich über sich hinausgewachsen ist, dann musst du bereit sein, deinen Willen, deine Werte, deine Ideale preiszugeben und dich auf das Abenteuer eines neuen Lebens einzulassen. Denn solange wie du das nicht wagst, mein Freund, sind all die kleinen Heldentaten, die dein Leib vollbringt, doch nur die blassen Abbilder der Konventionen und Erwartungen von anderen.

Ein bisschen Extremsport reicht offenbar nicht, wenn man sich Ihren Respekt verdienen will. Was muss hinzukommen?

Der Mut zur Einsamkeit. Wenn du es wirklich schaffst, dich selbst zu überwinden, ins Ungewisse vorzuwagen und aufs Spiel zu setzen; dann wirst du einsam sein, mein Freund. Du wirst dann fern der üblichen Wege wandeln. Es kann sein, dass sich niemand für dich interessiert, denn der Weg, den du gewählt hast, führt durch unbekanntes Land. Vielleicht ist es auch nur ein Weg des Denkens, wie der meine es war. Meinem Körper war es nicht vergönnt, sich über seine engen Limits zu erheben. Aber meinem Geist war's möglich. Und nur deshalb hört mir heute noch jemand zu; wenn ich auch zu Lebzeiten der Einsamste der Einsamen gewesen bin. Das bedenke wohl, mein Freund, und sag mir dann, ob wohl die Sehne deiner Seele stark genug ist, dich als Pfeil der Sehnsucht in ein unbekanntes Land zu schießen.

Friedrich Nietzsche (1844–1900) gilt als Wegbereiter der Moderne. Er brach gründlich mit der Religion und Moralphilosophie und warb für ein selbstbestimmtes Leben des Menschen. Seine Kritik galt dem Nihilismus – einer Haltung der Gleichgültigkeit, die er in der bürgerlichen Welt des 19. Jahrhunderts allgegenwärtig vorfand. Einige seiner wichtigsten Werke schrieb er in Sils Maria im Oberengadin. Es ist bekannt, dass er seine Texte dort während ausgedehnter Wanderungen konzipierte.

Aristoteles sagt: Mut kommt aus dem Herzen, nicht aus dem Kopf

Freeclimber, Mountainbiker, Paraglider, Kitesurfer: Viele (männliche) Freizeitsportler suchen die Gefahr. Wer dabei mithalten möchte, muss einiges an Mut aufbringen. Aber vorher kommt der Mut? Kann man ihn sich antrainieren, um tough zu werden? Aristoteles hat eine berühmte Abhandlung über den Mut geschrieben. Er hilft uns zu verstehen, wo die feine Demarkationslinie zwischen Mut und Draufgängertum verläuft und wie man sie beachtet.

Herr Aristoteles, wie viel muss ich als Freizeitsportler riskieren, um zu zeigen, dass ich tough bin?

Hm, diese Frage trieb schon den jungen Alexander um, dessen Erzieher ich seinerzeit war. Ihr nennt ihn ja inzwischen »den Großen« – nicht ohne Grund, wie mich dünkt, denn er hat wirklich Großes vollbracht, als er im Alleingang das große Perserreich eroberte. Das war tough. Allerdings hätten wir damals ein anderes Wort verwendet: Wir hätten ihn *andreíos* genannt, was in eurer Sprache *mannhaft* heißt, von euren Übersetzern aber meist mit *mutig* oder *couragiert* wiedergeben wird. Das ist nicht verkehrt. Im Gegenteil: Es verrät etwas davon, was es mit der *andreía*, der *Mannhaftigkeit*, auf sich hat.

»Mannhaftigkeit« klingt etwas antiquiert. Wie kann man dieses Wort heute verstehen?

Zu meiner Zeit waren sich alle einig, dass Mannhaftigkeit eine Tugend ist; und zwar die Tugend eines Kriegers. Das erklärt auch ihren Namen, denn bei uns in Hellas waren der Krieg und deshalb auch der Mut eine reine Männersache. Ich weiß, bei euch ist das inzwischen anders, weil ihr herausgefunden habt, dass Frauen genauso mutig sein können wie Männer. Nun gut, lassen wir also die *Mannhaftigkeit* beiseite und reden über Mut oder Courage: eine Tugend, die ihr überall da an den Tag legen könnt (und müsst), wo es brenzlig wird.

Sie reden immerzu von Tugend. Das ist ein Wort, dass heute nicht mehr verwendet wird. Was meinen Sie damit?

Okay, dafür kann ich auf eure Sprache verweisen, denn euer Wort *Tugend* kommt von *taugen*. Und etwas *taugt* genau dann, wenn es *gut* ist. Aber was heißt hier gut? Gut heißt: Es entspricht dem, was es ist. Zum Beispiel: Ein Messer taugt etwas, wenn du gut damit schneiden kannst. Richtig? Die Tugend eines Messers heißt dementsprechend Schneidigkeit oder Schnittigkeit. Anderes Beispiel: Ein Pferd taugt dann etwas, wenn es schnell und stark ist. Die Tugend eines Pferdes heißt deswegen Kraft, Wendigkeit oder irgendetwas in der Art.

Und inwiefern sind nun der Mut oder die Courage Tugenden? Es sind ja wohl nicht nur Wesenseigenschaften der Krieger, von denen Sie sprachen.

Korrekt, auch eure Freeclimber oder Seenotretter sind mutig. Alle Menschen können mutig sein, denn Mut ist die Tugend unserer Leidenschaft, unseres Eifers. Und weil Leidenschaft und Eifer in deiner Brust wohnen, kannst du auch sagen: Er ist die Tugend deines Herzens. Herz heißt auf Lateinisch *cor*, und davon kommt das Wort *Courage*: Beherztheit. Damit ist auch klar: Das ist keine Sache des Kopfes oder des Willens. Mutig bist du nicht, wenn du mutig sein willst. Mutig bist du, wenn dein Herz in Ordnung ist – wenn du beherzt bist.

Aber wie komme ich dahin? Kann ich mir den Mut antrainieren?

Ich glaube, darauf habe ich vor vielen Jahren meinem Freund Nikomachos eine gute Antwort gegeben, als ich für ihn eine Abhandlung über die Ethik schrieb. Sinngemäß sagte ich: Mut ist wohldosierter Eifer angesichts einer Gefahr – die rechte Mitte zwischen einem Zuwenig und einem Zuviel. Das Zuwenig heißt in diesem Falle Feigheit, das Zuviel heißt Tollkühnheit.

Verstehe: Mutig ist, wer weder tollkühn noch feige ist. Aber wo verläuft die Grenze?

Genau das müssen wir klären, wenn wir herausfinden wollen, wie viel du riskieren solltest, um tough zu sein. Das Entscheidende ist: Du findest diese Grenze nicht durch Denken, sondern durch Fühlen. Dein Herz muss entscheiden, denn dein Herz weiß genau, wo deine Grenze ist. Von einem eurer mutigen Bergsteiger habe ich einmal gehört, dass er sagte: »Ich gehe nie über meine Grenze, nie. Aber ich gehe immer an sie heran und versuche, sie zu erreichen, vielleicht sogar sie ein kleines Stück voranzuschieben. Würde ich sie übertreten, wäre es um mich geschehen.« Und er sagte auch: »Die Grenze ist doppelt. Auf der einen Seite setzt sie mein Körper, auf der anderen Seite setzt sie der Berg. Um sie zu finden, muss ich beide spüren: Berg und Körper.«

Das hat Ihnen offenbar gefallen. Warum?

Der so spricht, versteht etwas vom Mut. Er weiß, dass mutige Menschen im Herzen mit dem verbunden sind, was ihnen gefährlich ist, und deshalb die Grenze spüren, die sie davor bewahrt, feige oder tollkühn zu sein. Wenn du also fragst, wie viel du riskieren musst, um tough zu sein, dann sage ich dir: Mach dich frei von allen Konzepten, vergiss dein Ego und deinen Willen, spür in dein Herz. Dann, und nur dann, wirst du beherzt handeln.

Aristoteles (384–322 v. Chr.) hat die europäische Philosophie maßgeblich geprägt. Geboren wurde er im nordgriechischen Stageira. Als junger Mann kam er nach Athen, wo er in die Akademie seines Lehrers Platon aufgenommen wurde und bald den Ruf eines Meisterschülers erwarb. Später wurde er als Privatlehrer des Prinzen Alexander (später »der Große«) an den Mazedonischen Königshof berufen. Eines seiner wichtigsten Werke ist die *Nikomachische Ethik*, in der er seine Theorie des guten Lebens entwickelt hat.

Platon sagt: Lasst es rocken, Leute!

Viele Menschen haben in der Covid-Zeit vor allem Livemusik vermisst. Es gab keine Konzerte – weder Klassik noch Rock –, aber auch kein gemeinsames Singen – weder im Kirchenchor noch in der Südkurve. Der Philosoph Platon hat sich viele Gedanken über die Musik gemacht. Hier räsoniert er darüber, warum Musik für uns Menschen so wichtig ist.

Herr Platon, haben Sie zu Lebzeiten eigentlich auch musiziert?

Nun ja, wissen Sie, bei uns Griechen hatte das Wort »Musik« eine umfassendere Bedeutung als in Ihrer Sprache. Als Musik galt uns alles, was von jenen Göttinnen gewirkt war, die wir die *Musen* nannten; und dazu gehörten auch die Poesie, der Tanz und selbstverständlich auch die Philosophie. Deshalb befand sich die von mir gegründete Akademie in einem Heiligtum der Musen. Und als Philosoph, so will ich meinen, habe ich doch wohl ganz respektabel musiziert.

Wer wollte das bestreiten? Aber die Frage ging doch eher dahin, ob Sie auch gesungen oder ein Musikinstrument gespielt haben.

Ah, ich verstehe. Ja, wie alle Jünglinge zu meiner Zeit habe ich die Leier spielen gelernt. Doch wie es in Ihrer Welt auch zu geschehen pflegt, habe ich im fortgeschrittenen Alter diese Kunst vernachlässigt. Was ich bedaure, denn das Spiel der Leier ist eigentlich nichts anderes als die Fortsetzung der Philosophie mit anderen Mitteln.

Das müssen Sie uns erklären.

Schauen Sie: Worum geht es in der Philosophie? Ihr Name verrät es: um die Liebe – *philia* – zur Weisheit – *sophia*. Weisheit aber ist die Kunst des guten Lebens. Und was ist das gute Leben? Nun, das gute Leben ist ein stimmiges Leben, ein Leben im Einklang, eine Harmonie und Symphonie. Ein gutes Leben zu führen erfordert die Kompetenz eines Komponisten oder Dirigenten, der das Orchester all seiner Affekte, Emotionen, Gedanken, Wünsche und so weiter so zueinander ins Verhältnis setzt, dass eine schöne und stimmige Melodie dabei entsteht. Und nichts anderes tun Sie, wenn Sie ein Musikinstrument spielen. Musizieren weist deshalb einen geraden Weg zum guten Leben.

Gilt das nur für das Selber-Musizieren oder auch für das Musikhören?

Auch für das Hören. Ein schönes Konzert wirkt wie eine Stimmgabel auf Ihre Seele – und übrigens auch auf Ihren Leib. Würde ich in Ihrer Welt leben, käme ich wohl kaum mehr zum Denken, weil ich rund um die Uhr nur noch klassische Musik hören würde, um mich von ihr in gute Stimmung versetzen zu lassen. Mozart, Bach, Beethoven – beim Apollon, so stelle ich mir die Insel der Seligen vor.

Okay, aber was halten Sie von anderen Musikstilen? Zum Beispiel von Rockmusik.

Rockmusik! Ah, Sie meinen diesen rhythmischen, ekstatischen, dionysischen Lärm. Finde ich auch gut. Ist zwar etwas laut und manchmal auch ein bisschen nervig. Aber zuweilen höre ich mir hier in der Ewigkeit die alten Scheiben von *Nirvana* an. Ich mag es, wenn die Bässe wummern.

Aber wie passt das zu Ihrem Klassikfaible?

Alles passt zusammen, mein Freund. Die große Musik des harmonischen Lebens fügt auch das zusammen, was dem ungeübten Ohr nicht gut zu passen scheint. Aber gerade darin liegt die Meisterschaft der Lebenskunst. Nichts ausschließen, alles ins Lied des Lebens einflechten. Darum: Lasst es rocken, Leute!

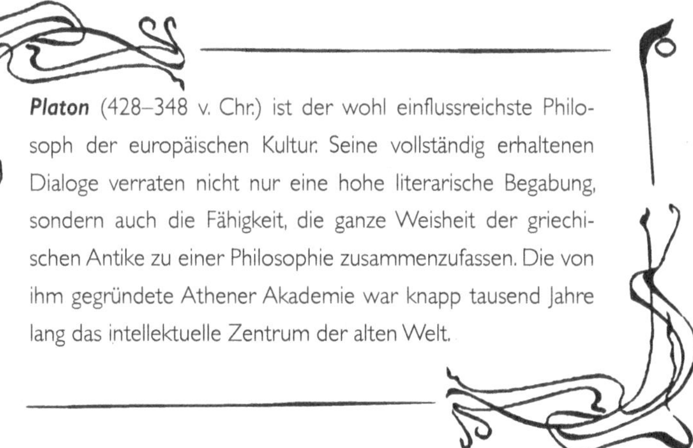

Platon (428–348 v. Chr.) ist der wohl einflussreichste Philosoph der europäischen Kultur. Seine vollständig erhaltenen Dialoge verraten nicht nur eine hohe literarische Begabung, sondern auch die Fähigkeit, die ganze Weisheit der griechischen Antike zu einer Philosophie zusammenzufassen. Die von ihm gegründete Athener Akademie war knapp tausend Jahre lang das intellektuelle Zentrum der alten Welt.

Meister Eckhart sagt: Lass dich laufen!

Wir Menschen der Gegenwart leben in einer leistungsorientierten Welt. Wir wollen unser Bestes geben, optimale Ergebnisse erzielen, uns perfektionieren. Gleichzeitig leiden wir unter dem Stress, den dieses Programm verursacht, und versuchen durch Sport und Bewegung, einen Ausgleich zu schaffen. Aber wie gelingt das? Der mittelalterliche »Lebemeister« und Mönch Meister Eckhart erklärt, wie man Leistung und Gelassenheit verbinden kann.

Meister Eckhart, zu Ihrer Zeit war Sport eher unbekannt. Vielleicht können Sie uns aber gerade deshalb sagen, ob es sinnvoll ist, wenn sich heutzutage Freizeitsportler laufend und schwitzend durch den Stadtpark mühen?

»Wisst ihr nicht, dass die Läufer im Stadion wohl alle miteinander laufen, aber nur einer den Siegespreis erhält? Lauft, sodass ihr ihn erlangt.« Wahrlich, so spricht der Apostel Paulus, und wahrlich, so sage ich's auch dir: Es ist gewisslich wahr, dass Gott der Herr voll Freude ob des Läufers ist und jene schätzt, die in der Kunst des Laufens Meister sind. Wohl darf auch ich mich einen Meister in der Kunst des Laufens nennen, war die Langstrecke doch mein Spezialgebiet: Erfurt-Straßburg oder Köln-Paris sind meine Königsdisziplinen; und wenn man mich auch meistens nur als Lese- oder Lebemeister kennt, so rühme ich mich doch, mich einen Laufmeister zu nennen.

Wunderbar, dann verraten Sie uns doch bitte, ob es möglich ist, beim Laufen einen klaren Kopf zu bekommen und seinen Alltagsstress abzuschütteln.

Ja, mein Bruder, das ist möglich, wenn du's nur auf rechte Weise tust. Was jedoch, so fragst du dich, ist diese »rechte Weise«? Wisse denn, die rechte Weise ist dein »lediges Gemüt«.

Pardon, könnten Sie das auch in etwas geläufigeren Worten sagen?

Aber gewiss doch: Das »ledige Gemüt« ist eine Haltung der Gelassenheit. Darauf nämlich kommt es an. Wenn du meisterlich zu laufen wünschst, musst du dies *gelassen* tun. Darum sage ich dir klipp und klar: »Fang bei dir selber an und *lass* dich!« Oder lass es mich so formulieren: Es kommt alles darauf an, dass du beim Laufen deinen Willen fortlässt – dass du nicht läufst, *weil* du laufen oder gar gewinnen *willst*, sondern dich beim Laufen schlicht und einfach laufen *lässt*. Die Kunst des Laufens liegt allein darin, dass nicht DU läufst, sondern dass ES läuft, dass du dein ICH daheimlässt und frei von allem Wollen einfach deine Runden drehst – gelassen, willenlos, frei von Leistungsdruck und ohne irgendwelche Trainingsziele. Denn wenn du all das lässt und nichts mehr willst – ja, *dann läuft Es*. Und wie ES dann läuft, dann läuft es so gut, dass du jeden Siegespreis gewinnen wirst – vor allem den, dass du den Alltagsstress dabei vergisst. Das ist deine einzige Aufgabe: deinen Willen aufzugeben.

Nun mal langsam. Ich werde doch nur dann ins Ziel kommen und womöglich sogar gewinnen, wenn ich das ganz entschieden will. Mein Willen motiviert mich, er setzt mich in Bewegung.

Oh, ich merke schon, dass du mir nicht recht glauben willst. Denn du hängst an deinem Willen und du glaubst, du könnest nur erfolgreich sein, wenn der Wille in dir stark ist. Klar, so predigen es dir all die Coaches, die dir weismachen, du könnest alles schaffen, wenn du es nur richtig willst. Scharlatane sind sie und Betrüger, denn die Wahrheit ist, dass du mit *deinem* Willen nichts erreichst – und dass du deinen Alltagsstress nur immer ärger machst, wenn du ihm entkommen *willst.*

Sie sagen aber doch auch, dass es wichtig ist zu wollen. Und nun ermutigen Sie mich geradewegs dazu, meinen Willen ausschalten zu wollen.

Wohl sage auch ich, dass du mit einem *rechten* Willen alles leisten kannst. Aber, merke nun gut auf, mein Bruder: Recht und stark ist nur der Wille, der nicht *deiner* ist.

Wessen Willen soll es denn sonst sein?

Na, du ahnst schon, was ein alter Mönch dir sagen wird: Es ist der Wille Gottes. Doch der alte Eckhart weiß nur allzu gut, dass du von Gott nichts hören willst, und darum sagt er dir: Es ist der Wille zur Lebendigkeit, der allem Leben innewohnt. Denn wisse, alles will lebendig sein, auch deine Seele sehnt sich danach, sich in Schönheit zu entfalten. Doch dein Ich mit seinem Willen steht dir immerzu im Weg und bremst dich aus, je mehr es etwas für sich selber will. Darum gebe ich dir diese kleine Übung mit auf deine Joggingrunden: »Richte dein Augenmerk auf dich selbst, und wo du dich findest, da lass ab von dir; das ist das Allerbeste.«

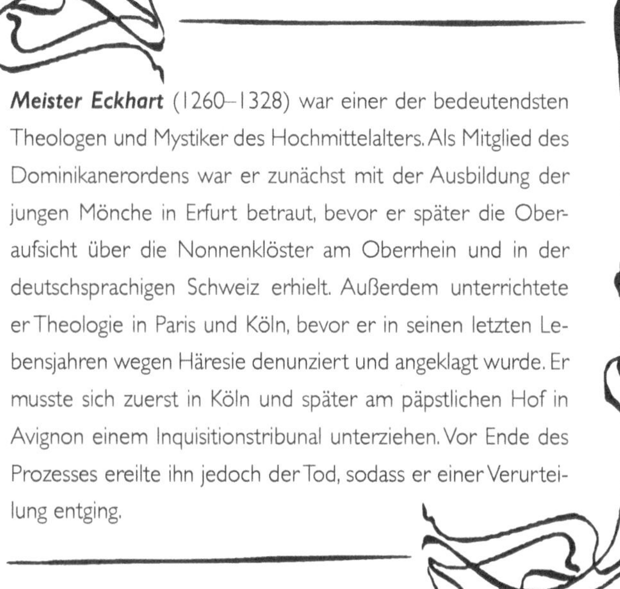

Meister Eckhart (1260–1328) war einer der bedeutendsten Theologen und Mystiker des Hochmittelalters. Als Mitglied des Dominikanerordens war er zunächst mit der Ausbildung der jungen Mönche in Erfurt betraut, bevor er später die Oberaufsicht über die Nonnenklöster am Oberrhein und in der deutschsprachigen Schweiz erhielt. Außerdem unterrichtete er Theologie in Paris und Köln, bevor er in seinen letzten Lebensjahren wegen Häresie denunziert und angeklagt wurde. Er musste sich zuerst in Köln und später am päpstlichen Hof in Avignon einem Inquisitionstribunal unterziehen. Vor Ende des Prozesses ereilte ihn jedoch der Tod, sodass er einer Verurteilung entging.

Teil 4

Ich und die Welt

Aristoteles sagt: Kleinlich ist peinlich

Ob nach der Stadtführung oder im Lokal: Trinkgeld? Fehlanzeige. Eine milde Gabe für den Obdachlosen? Och nö. Auch Umfragen zeigen: Der Geldbeutel sitzt nicht mehr locker. An Geiz und Knauserei störte sich schon Aristoteles. Stattdessen rühmte er Freigebigkeit und Großzügigkeit. Hier erläutert er, was er darunter versteht.

Herr Aristoteles, wie war das eigentlich bei Ihnen im alten Griechenland. Gab es damals schon so etwas wie Trinkgeld?

Ich kann mich nicht mehr genau erinnern, aber doch, ja, ich glaube schon. Jedenfalls gehörte es bei uns zum guten Ton, dass sich gut situierte Bürger gegenüber weniger Wohlhabenden großzügig und freigebig verhalten. Wie Sie wissen, hatte ich ja die ehrenvolle Aufgabe, den mazedonischen Prinzen Alexander zu erziehen – der, den Sie als »den Großen« bezeichnen. Diesem Kerl habe ich von Anfang an beigebracht, niemals gegenüber Bediensteten rumzuknausern. »Wenn du mal ein großer Mensch sein willst«, sagte ich ihm, »dann ziemt es dir, großzügig zu sein.«

Das heißt, Sie empfehlen Großzügigkeit gar nicht, um anderen etwas Gutes zu tun, sondern um in den Augen anderer gut auszusehen?

Die Frage, die mich interessiert, ist nicht: Wie tue ich anderen etwas Gutes? Auch nicht: Was muss ich tun, um von anderen wertgeschätzt zu werden? Ich möchte wissen, was es bedeutet, ein gutes Leben zu führen.

Welche Qualitäten – ich nenne sie »Tugenden« – dafür nötig sind. Eine dieser Tugenden ist in meinen Augen das, was wir Griechen *megalopsychía* nennen. Das bedeutet wörtlich so viel wie *Seelengröße*. Darunter verstehen wir die Haltung eines Menschen, dessen Seele so groß ist, dass darin auch Platz für andere ist. Wenn Sie Seelengröße haben, dann sind Sie nicht kleinlich. Dann geben Sie Trinkgelder oder machen Spenden, ohne danach zu fragen, was die anderen von Ihnen denken.

Auch wenn ich selbst eher knapp bei Kasse bin oder gar nichts habe, was ich geben könnte?

Hallo! Die Größe Ihrer Seele bemisst sich doch nicht nach der Größe Ihres Geldbeutels, oder? Großzügig können Sie auch sein, indem Sie andere Menschen an dem teilhaben lassen, was Ihnen Freude macht – indem Sie Ihre Begeisterung verschenken oder ihre Aufmerksamkeit, Zuwendung, Arbeitskraft, Zeit. Beim Zeus, große Seelen finden immer etwas, woran sie andere teilhaben lassen können. Sie können gar nicht anders. Sie fließen gleichsam über.

Aber läuft man dabei nicht Gefahr, sich selbst zu verlieren?

Guter Punkt. Deswegen braucht es neben der Großzügigkeit noch eine andere Tugend. Wenn Sie sich anderen gegenüber großzügig zeigen wollen, kommt es sehr darauf an, das passende Maß zu finden: Nichts zu geben ist ebenso unpassend, wie zu viel zu geben. Beides sind unangemessene und peinliche Verhaltensweisen, die andere beschämen könnten. Deshalb brauchen Sie ein feines Gespür dafür, was angemessen ist und was nicht. Dieses Gespür nenne ich Freigebigkeit: so geben, das andere sich dabei frei fühlen. Freigebigkeit ist die rechte Mitte zwischen Verschwendung auf der einen Seite und Geiz auf der anderen.

Das klingt theoretisch plausibel. Aber wie bringt man die Leute dazu, freigebig und großzügig zu sein?

Mit moralischen Appellen kommen Sie dem nicht bei. Man kann kleinliche Leute allenfalls bei ihrer Ehre packen und ihnen signalisieren: »Sag mal, schämst du dich nicht? Was bist du bloß für ein kleiner Mensch?« Zwar gebt ihr nicht mehr viel auf Größe, aber manchmal ahne ich doch selbst bei euch Modernlingen eine Sehnsucht danach, ganz so wie mein berühmter Schüler »ein Großer« zu werden.

Aristoteles (384–322 v. Chr.) kam als junger Mann nach Athen, wo er in die Akademie seines Lehrers Platon aufgenommen wurde und bald den Ruf eines Meisterschülers erwarb. Eines seiner wichtigsten Werke ist die *Nikomachische Ethik*, in der er sich mit der Frage befasst, wie sich ein gutes menschliches Leben beschreiben lässt. Dabei analysiert er unterschiedliche menschliche Tugenden: Qualitäten, die es uns erlauben, unsere Potenziale zur Entfaltung zu bringen und unserem Wesen als Menschen zu genügen.

Goethe sagt: Sei ein Original!

Heute suchen viele junge Menschen nach Orientierung. Da liegt es nahe, sich nach Vorbildern umzuschauen, die Großartiges leisten oder geleistet haben. Aber helfen uns Vorbilder wirklich dabei, unsere Potenziale zu entfalten? Johann Wolfgang von Goethe, selbst für viele Menschen ein Vorbild, ist sich da nicht so sicher.

Herr Goethe, was halten Sie davon, wenn junge Menschen prominenten Personen als ihren Vorbildern nacheifern – zum Beispiel einem erfolgreichen Sportler wie Fabio Wibmer?

Entschuldigen Sie, aber ich kenne diesen Herrn nicht. Dafür bin ich wohl nicht im richtigen Alter ...

Pardon, ich vergaß. Fabio Wibmer ist ein extrem erfolgreicher österreichischer Mountainbiker und Videoproduzent mit einer riesigen internationalen Fangemeinde.

Ah, Respekt, Respekt. Aber sehen Sie, das ist nicht das, worauf ich hinauswollte. Mir ging es gar nicht um den Herrn Wibmer als Person, sondern darum, dass ich ihn nicht kenne – so wie ich niemanden so gut kenne, wie ich ihn kennen müsste, um ihn mir zum Vorbild zu nehmen. Menschen sind unergründliche Individuen. Deshalb taugen sie schlecht als Vorbilder.

Aber Herr Goethe, es gibt auch viele Menschen, die Sie zum Vorbild genommen haben.

Wohl wahr, aber wollen wir das gutheißen? So manche Dame wird es jedenfalls nicht begrüßen, wenn ihr Gatte mich zum Vorbild nimmt. (Lacht.) Aber lassen wir das. Der Punkt ist doch der: Anderen nachzueifern – gleichviel ob es nun Sportler oder Dichterfürsten sind – erscheint mir deshalb als unangemessen, weil es Menschen daran hindert, ihre eigene Individualität, ihre eigene Persönlichkeit zu bilden. Bildung, nicht Nachahmung, ist der Weg zu einer reifen Persönlichkeit.

Gerade das ist doch, was viele Menschen an Ihnen faszinierend finden: dass Sie so eine starke Persönlichkeit waren.

Da haben Sie recht, aber dorthin kommt man nicht durch ein Vorbild. Denken Sie nur an meinen jungen Werther. Den haben sich damals viele junge Männer zum Vorbild genommen – und haben sich wie meine Romanfigur eine Kugel in den Kopf geschossen. So war das aber nicht gemeint. Ich wollte Menschen dazu ermutigen, ihre Leidenschaften zuzulassen, aber doch nicht eins zu eins dem Werther als einem Vorbild zu folgen. Schauen Sie: Wenn junge Menschen ihren Idolen nacheifern, werden sie im besten Fall eine schlechte Kopie. Nicht jemandem nachzueifern bringt uns voran, sondern mit jemandem ins Gespräch zu kommen.

Wie meinen Sie das?

Bildung bedeutet, sich in der Welt umzusehen, alles genau zu prüfen und sich jedes Mal zu fragen: Was kann ich von diesem Menschen lernen? Und was nicht? Das erfordert Geduld und Ruhe. Dafür braucht es längere Bekanntschaft. Aber sehen Sie: Die Menschen Ihrer Welt nehmen sich gar keine Zeit mehr dafür. Heute ist der ein Vorbild, morgen ein anderer und übermorgen eine Dritte. Ich wundere mich, wie ich es angestellt habe, immer noch Beachtung zu finden.

Na ja, weil Sie den Menschen doch wohl immer noch etwas zu sagen haben.

Ist das so? Nun gut. Dann hören Sie meine Worte: Schauen Sie nicht nach Vorbildern, sondern achten Sie geduldig darauf, was die Welt Ihnen zu sagen hat. Eignen Sie sich die Welt an! Machen Sie sich die Welt zu eigen! So werden Sie einmalig, individuell, eine Persönlichkeit. Dann führt man vielleicht auch mit Ihnen knapp 200 Jahre nach Ihrem Tod ein Interview.

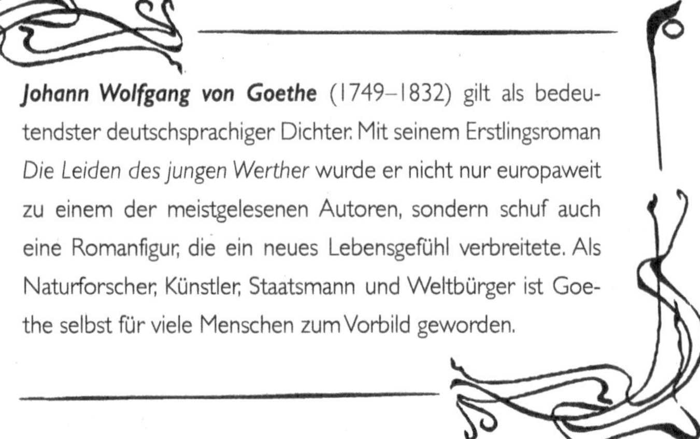

Johann Wolfgang von Goethe (1749–1832) gilt als bedeutendster deutschsprachiger Dichter. Mit seinem Erstlingsroman *Die Leiden des jungen Werther* wurde er nicht nur europaweit zu einem der meistgelesenen Autoren, sondern schuf auch eine Romanfigur, die ein neues Lebensgefühl verbreitete. Als Naturforscher, Künstler, Staatsmann und Weltbürger ist Goethe selbst für viele Menschen zum Vorbild geworden.

Kant sagt: Schreibt zurück, wenn man euch anschreibt!

Wir leben im Kommunikationszeitalter, doch unsere Kommunikation lässt oft zu wünschen übrig: Entweder man bekommt auf seine Fragen keine Antwort oder man bekommt ungefragt Antworten, die man gar nicht haben wollte. Immanuel Kant findet so etwas unmoralisch. Er meint, dass wir unsere Würde einbüßen, wenn wir unsere E-Mails nicht mehr beantworten.

Herr Kant, Sie haben Ihre Heimatstadt Königsberg nie verlassen und haben trotzdem – oder vielleicht gerade deshalb – mit aller Welt korrespondiert. Haben Sie jemals Ihre Post unbeantwortet gelassen?

Niemals, mein Herr. Solches wäre mir nicht in den Sinn gekommen. Denn ich betrachtete es als meine Pflicht, denen, die sich an mich wenden, stets zu Diensten zu sein.

Sie reden von Pflicht. Aber wieso? Es gibt doch niemanden, der Sie dazu verpflichten würde, alle Ihre Briefe zu beantworten– geschweige denn Ihre E-Mails, wenn Sie heute leben würden.

Irrtum, mein Herr. Sie verleugnen das moralische Gesetz in Ihnen, wenn Sie so daherreden. Aber das wundert mich nicht. Die Menschen Ihrer Welt haben das Sittengesetz vergessen. Sie kennen es vielleicht noch in der goldenen Regel, die da lautet: »Was du nicht willst, das man dir tu', das füg auch keinem anderen zu!« Aber sie achten sie nicht mehr. Schlimmer noch, sie verstehen sie nicht mehr. Wäre es anders, würden

Sie auf Ihre Anrufe, E-Mails und Briefe stets eine zeitnahe und angemessene Antwort erhalten.

Das klingt mehr nach goldenem Zeitalter als nach goldener Regel. Aber helfen Sie mir und unseren Leserinnen und Lesern: Wieso sollte man sich daran halten? Es gibt doch niemanden, der Zuwiderhandlungen bestraft.

Ach, mein Herr, was reden Sie da nur für dummes Zeug! Sie reden wie ein Krämer oder wie ein Krimineller, der sich nur deshalb an Regeln hält, weil er fürchtet, von der Obrigkeit bestraft zu werden, wenn er gegen sie verstoßen sollte. Aber nicht die Obrigkeit schreibt diese Regel vor, sondern das Sittengesetz in Ihrer Brust, mein Herr. Oder wenn Sie auch das nicht verstehen: die reine praktische Vernunft. Sie sagt: »Wenn du dich deines Verstandes – und mithin deines Menschseins – würdig erweisen willst, dann handele so, dass du zugleich wollen kannst, dass deine Maximen ein allgemeines Naturgesetz sein könnten.«

Pardon, Herr Kant, was hat das mit Briefen, E-Mails und Korrespondenz zu tun?

Wohlan, Sie wünschen, auf Ihre Fragen eine Antwort zu erhalten. Zum Beispiel von dem Handwerker, der Ihre Heizung warten soll. Sie fänden es gut, wenn es ein zwingendes Naturgesetz gäbe, dass Handwerker dazu verpflichtet, auf Anfragen zu antworten. So wie es ein zwingendes Naturgesetz ist, dass ein Stein nach unten fällt. Also gebietet es Ihnen Ihre Vernunft, dass auch Sie sich an dieses moralische Gesetz halten und Anfragen beantworten müssen. Ansonsten verraten Sie Ihre Vernunft und verlieren Ihre Würde.

Was hat meine Würde damit zu tun?

Es ist eines Menschen unwürdig, der goldenen Regel zu widersprechen. Und was noch tadelnswerter ist: Man verletzt auch die Würde seiner Mitmenschen, wenn man das tut. Warum antworten Ihre Zeitgenossen nicht mehr? Weil sie zu faul dazu sind? Nein, weil es ihnen nichts bringt, weil sie nichts davon haben. Sie betrachten andere Menschen nur als Mittel, die sie nutzen können, um selbst einen Vorteil zu haben. Aber damit nimmt man ihnen die Würde. Jeder Mensch ist ein Zweck an sich und nicht ein Mittel für die Zwecke anderer. Deshalb fühlen Sie sich zurecht in Ihrer Würde verletzt, wenn man Ihre Post nicht beantwortet. Und deshalb finden Sie es zurecht entwürdigend, wenn Ihr Klempner Sie hängen lässt.

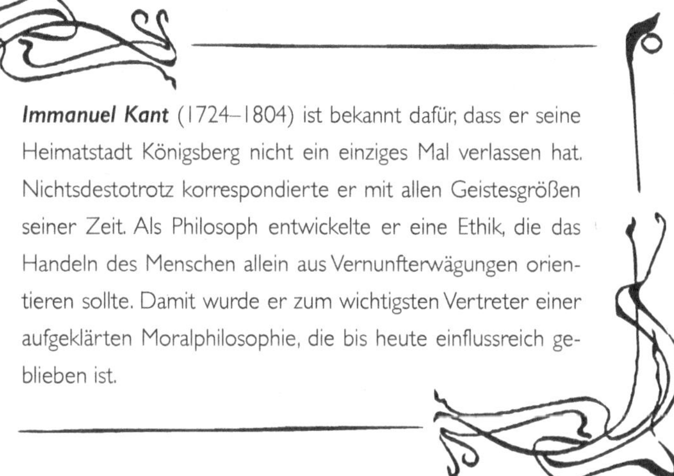

Immanuel Kant (1724–1804) ist bekannt dafür, dass er seine Heimatstadt Königsberg nicht ein einziges Mal verlassen hat. Nichtsdestotrotz korrespondierte er mit allen Geistesgrößen seiner Zeit. Als Philosoph entwickelte er eine Ethik, die das Handeln des Menschen allein aus Vernunfterwägungen orientieren sollte. Damit wurde er zum wichtigsten Vertreter einer aufgeklärten Moralphilosophie, die bis heute einflussreich geblieben ist.

Schopenhauer sagt: Mach dich nicht zum Sklaven deines Willens!

»Du musst dein wahres Selbst finden!« – »Du musst dich selbst verwirklichen!« So oder ähnlich pfeifen es die Spatzen von den Dächern und lassen uns vermuten, dass da irgendetwas in uns ist, das zu entdecken und auszuleben unser sicherster Weg zum Glück ist. Arthur Schopenhauer hält das für einen verhängnisvollen Irrtum.

Alle Welt redet heute davon, man müsse seine Potenziale verwirklichen. Was halten Sie davon?

Nichts halte ich davon, rein gar nichts. Das ist in meinen Augen Küchenpsychologie, die vielleicht für bunte Wochenend-Illustrierte taugt, aber nicht fürs wirkliche Leben.

Das heißt: Kein Selbst, keine Seele, kein Wesenskern oder so etwas? Und alle Bemühungen, das wahre Selbst zu finden, sind Quatsch?

Sagen wir mal so: Da ist schon etwas im Hintergrund Ihres Ichs, dessen Sie sich nicht bewusst sind und was Sie unaufhaltsam vor sich hertreibt. Ihre Psychologen nennen es »das Unbewusste«. Ich nenne es »den Willen« und verstehe darunter eine schwer greifbare Dynamik, die überall in der Welt zugange ist. Evolution, Fortschritt, Entwicklung, Geschichte, Ihre Biografie – alles wird unermüdlich vom Willen angetrieben. Wenn es irgendetwas wie Ihr wahres Wesen gibt, dann ist das nichts Persönliches, sondern dieser überpersönliche, in Ihnen wabernde Wille zum Leben.

Aber ist das nicht nur ein anderes Wort für die Seele oder das Selbst, das zu entdecken uns die von Ihnen so wenig geschätzten Psychologen nahelegen?

Nein, der Wille, von dem ich rede, ist unpersönlich. Er ist die treibende Kraft, die nichts und niemanden je zur Ruhe kommen lässt. Dieser elende Wille macht uns fertig. Ihn als »Potenzial zu entfalten« wäre das Dümmste, was Sie tun können. Das führt zu nichts als Stress. Wollen, Wollen – immer mehr, immer Neues. Mein Gott! Das mag zwar gut fürs Business sein, aber Sie, mein Freund, gehen in diesem Hamsterrad vor die Hunde. Was glauben Sie, weshalb so viele Leute an Burn-out leiden? Weil sie zu viel wollen. Deshalb warne ich Sie: Von dem, was da in Ihnen steckt, lassen Sie besser die Finger.

Sich selbst zu verwirklichen halten Sie für kontraproduktiv? Damit stehen Sie ziemlich allein da.

Ist mir doch egal, solange es der Wahrheit entspricht. Und das tut es: Erstens, weil es dieses ominöse und ach so tolle Selbst gar nicht gibt; zweitens, weil uns das ewige Wollen auf Dauer versklavt. Ist doch furchtbar, ewig ein Sklave des Willens zu sein – ewig irgendetwas sein zu wollen, was es in Wahrheit überhaupt nicht gibt.

Okay, aber was gibt's dann eigentlich noch für uns zu tun? Gar nichts zu wollen und gar nichts zu sein – das klingt irgendwie ziemlich trostlos.

Genauso ist es: trostlos. Das Leben ist eine ziemlich trostlose Angelegenheit – oder sagen wir so: Es wäre komplett trostlos, wenn es da nicht etwas gäbe, was uns von dem ganzen Elend des Wollens und Seinmüssens befreit.

Sie machen mich neugierig. Was denn?

Resignation! Na, nun schauen Sie nicht so bedröppelt. Ich meine das zwar ernst, habe aber noch mehr zu bieten. Das Beste, was Sie tun können, wenn Sie glücklich werden wollen, ist, dieses ganze Rumgestochere in sich selbst aufzugeben und sich etwas hinzugeben, bei dem Sie sich komplett selbst vergessen. Kunst oder Musik zum Beispiel. Das schaltet den Willen aus, da kommen Sie zur Ruhe – und vielleicht ja auch zur wahren Wahrheit, die beginnt, wo der Willen aufhört. Fußballgucken ist übrigens auch gut. Werde gleich mal schauen, was die Eintracht macht …

Arthur Schopenhauer (1788–1860) stand schon zu Lebzeiten im Ruf, ein Misanthrop zu sein. Zu pessimistisch und weltverneinend erschien vielen seine Philosophie, die er 1819 mit seinem bedeutendsten Werk *Die Welt als Wille und Vorstellung* vorgelegt hatte. Große Resonanz fand er zu Lebzeiten nicht. Seine akademische Karriere in Berlin endete rasch, und er lebte größtenteils als Privatgelehrter in Frankfurt am Main.

Lou Andreas-Salomé sagt: Sieh zu, dass du was Besonderes bist!

Ob in den sozialen Medien oder im realen Leben: Aufzufallen ist en vogue. Denn wer auffällt und anderer Leute Aufmerksamkeit auf sich lenkt, steigert seinen Marktwert oder wird – wenn's dumm läuft – als Egozentriker kritisiert. Lou Andreas-Salomé war an diesem Punkt entspannt. Sie meinte, ein bisschen Narzissmus könne niemandem schaden.

Frau Andreas-Salomé, wie wichtig ist es, dass man seinen eigenen Stil findet?

Schauen Sie mich an!

Glänzend pariert! Dass Sie Ihren eigenen Stil gefunden haben, wird niemand bestreiten. Aber meinen Sie, dass jedermann und jedefrau gut daran täte, sich diesbezüglich Sie zum Vorbild zu nehmen?

Ja, ich denke, es liegt in der Natur des Menschen, etwas Besonderes sein zu wollen – nicht nur intellektuell, sondern auch körperlich. Und dieser Drang drückt sich eben im persönlichen Stil eines Menschen aus.

Aber es gibt doch auch viele Menschen, die lieber unauffällig bleiben.

Beide Sehnsüchte stecken in uns. Schauen Sie, wir werden als individuelle Wesen geboren – mit einem eigenen Körper, der uns von allen anderen Wesen unterscheidet. Gleichzeitig sind wir aber auch mit allen anderen Wesen verbunden. Als kleine Kinder fühlen wir uns noch allem zugehörig. Erst mit der sogenannten Individuation fangen wir an, uns bewusst von der Welt zu unterscheiden. Einerseits begeistert uns das und wir wollen uns der Welt als etwas Besonderes zeigen, andererseits ängstigt es uns und wir sehnen uns zurück nach der Ureinheit. Diesen Konflikt aufzulösen ist eine Aufgabe, die uns allen gestellt ist.

Wie können wir diesen Spagat zwischen Sich-zeigen-Wollen und Verschwinden-Wollen hinbekommen?

Indem wir konsequent unseren eigenen Weg gehen und dabei doch nie die Verbindung zu anderen Menschen, zur Welt – oder sagen wir: zum Großen und Ganzen – verlieren. Kennen Sie den antiken Mythos von Narziss – der, von dem das Wort »Narzissmus« abgeleitet ist?

Narziss war ein Jüngling, der sich in sein eigenes Spiegelbild verliebte und dafür von den Göttern bestraft wurde. Wieso fragen Sie danach?

An dieser Geschichte interessiert mich ein oft übersehenes Detail: Sein Spiegelbild sah Narziss auf der Oberfläche eines stillen Sees – nicht in einem von Menschen gemachten Spiegel. Man könnte auch sagen: Er spiegelte sich in der Natur. Das ist faszinierend: Er verliebt sich in sich selbst – ja, aber er sieht sich dabei als Teil des Großen und Ganzen. Das ist eine Haltung, die ich einen »gesunden Narzissmus« nennen möchte: einen Narzissmus, der Selbstliebe und Liebe zur Welt verbindet und diese beiden Sehnsüchte nach Individualität und Zugehörigkeit zum Ausgleich bringt. Das ist etwas anderes als der krankhafte Narzissmus, den mein Freund Siegmund als Pathologie des modernen Menschen beschrieben hat.

Sie meinen Siegmund Freud. Und der war ja nicht Ihr einziger prominenter Freund. Da waren noch Friedrich Nietzsche und Rainer Maria Rilke. Waren das die Spiegel, in denen Sie sich erkannt haben?

Absolut. Ich habe diese Männer geliebt. Ich habe überhaupt viele Männer geliebt. Und je mehr ich geliebt habe, desto mehr wurde ich die

Lou, die ich heute bin: eine unvergleichliche, liebenswerte Frau. Finde ich jedenfalls. Und finde das gut. Ohne dass ich irgendeine Idee davon hatte, wie ich sein müsste, um unvergleichlich und liebenswert zu sein, bin ich es einfach geworden, indem ich meiner Liebe freien Lauf gelassen habe. Das ist mein Stil, und den finde ich wirklich vorbildlich.

Lou Andreas Salomé (1861–1937) war eine der schillerndsten Frauengestalten des späten 19. Jahrhunderts. Geboren als Tochter eines russischen Aristokraten zog sie als junge Frau mit ihrer Mutter nach Zürich, wo sie Vorlesungen in Philosophie und Theologie hörte. Zwei Jahre später machte sie die Bekanntschaft mit Friedrich Nietzsche, dessen Heiratsantrag sie ablehnte. Fortan verkehrte sie in den wichtigsten intellektuellen Zirkeln Europas und entwickelte eine eigene Philosophie. In späteren Jahren widmete sie sich der Psychologie und wurde eine viel beachtete Psychoanalytikerin.

Marc Aurel sagt: Beleidigt sein ist Zeitverschwendung

Manche Leute sind schnell beleidigt. Kaum hören sie ein kritisches Wort, klagen sie über mangelnde Wertschätzung. Dabei liegt es an einem selbst, ob man sich von anderen gekränkt fühlt oder nicht, meint der Philosoph und römische Kaiser Marc Aurel. Hier erklärt er, wie es ihm gelungen ist, trotz seiner vielen Gegner und Kritiker gelassen zu bleiben.

Eure Majestät, Herr Imperator, Kaiser …

Lassen Sie den Quatsch. Nennen Sie mich Marcus und kommen Sie zur Sache.

Nun gut, Marcus, wie Sie wünschen. Ärgern Sie sich eigentlich oft über Ihre Kritiker?

Sie meinen meine Mitmenschen. Nein, ich ärgere mich nicht über sie. Wieso sollte ich? Jeder Mensch tut das, wovon er glaubt, es sei das Richtige. Das gilt auch für meine Gegner und Rivalen. Ja, es gilt sogar für die Feinde Roms, mit denen ich dauernd Krieg führen musste. Deshalb unterstelle ich niemandem böse Absichten – allenfalls Dummheit oder Verblendung. Aber das ist deren Sache, nicht meine.

Das heißt, Sie lassen die Kritik einfach an sich abperlen?

Nein, so ist es nicht. Ich höre mir sehr genau an, was andere mir zu sagen haben. Und ich frage mich dabei sogleich, worum es ihnen eigentlich geht; was die Leute wirklich umtreibt. Auf diese Weise kann ich sie verstehen. Manchmal erkenne ich im Hintergrund ihres Tuns oder ihrer Worte einen bedauerlichen Irrtum; oder ich sehe, dass sich jemand von seiner Leidenschaft oder seinen Ängsten hat übermannen lassen. Anstatt mich zu ärgern, empfinde ich dann allenfalls Mitleid.

Na ja, aber das ist doch auch eine Art, sich gegen Kritik zu immunisieren: Der andere tut Ihnen leid, aber er hat Ihnen nichts zu sagen?

Auch wenn dieser konkrete Mensch mich womöglich nichts angeht, gehe ich doch davon aus, dass seine Worte und sein Handeln mir etwas zu sagen haben. Schauen Sie: Wir leben in einem Kosmos, in dem alles mit allem zusammenhängt und in dem nichts zufällig geschieht. Ob Sie es nun Gott, die Weltvernunft oder das Schicksal nennen, ist mir egal – aber ich bin zutiefst davon überzeugt, dass ich alles, was mir widerfährt, dazu nutzen kann, meiner Pflicht als Mensch und Kaiser besser zu genügen.

Auch wenn jemand Sie verletzt oder angreift – egal ob mit Worten oder mit Waffen –, deuten Sie das als einen Wink des Schicksals und regen sich nicht weiter darüber auf?

So ist es. Jedenfalls versuche ich, alles, was geschieht, zu begrüßen und anzunehmen. Ich sage mir: Das alles dient nur dazu, dass es im Großen und Ganzen stimmt – und damit ich etwas dazulernen kann. Und soll ich Ihnen etwas sagen? Mit dieser Haltung lebt es sich viel entspannter. Mein Gott, wie viel Zeit habe ich schon damit verplempert, mich über irgendwelche Leute aufzuregen, irgendwelche Umstände zu beklagen, über irgendwelche Nichtigkeiten rumzujammern. Das Leben ist so kurz, mein Freund, da solltest du deine Zeit lieber darauf verwenden, deinen Mitmenschen nützlich zu sein.

Und wo bleiben Sie dabei?

Was für eine lächerliche Frage! Als ob es hier um mich ginge. Morgen bin ich eh tot. Und ich werde keinen Tag länger oder besser leben, wenn ich mich ab jetzt als Mittelpunkt der Welt aufführen würde. Der großen Natur bin ich egal. Und das ist gut so. Umso weniger kränkt es mich, wenn andere etwas an mir auszusetzen haben. Es lebt sich gelassener, wenn man sich nicht so wichtig nimmt.

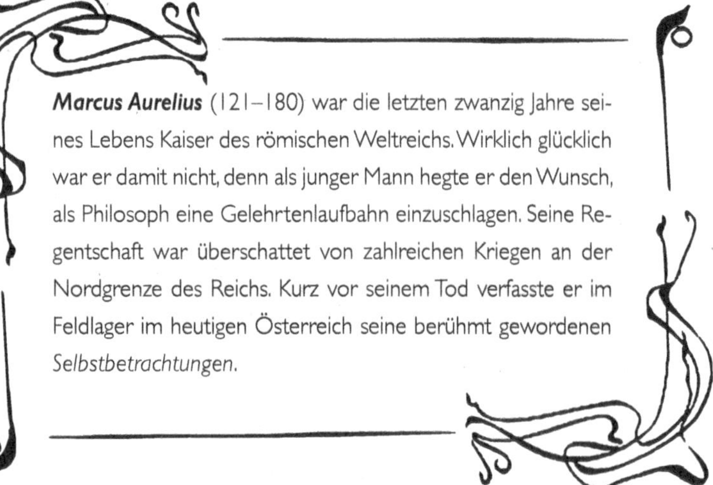

Marcus Aurelius (121–180) war die letzten zwanzig Jahre seines Lebens Kaiser des römischen Weltreichs. Wirklich glücklich war er damit nicht, denn als junger Mann hegte er den Wunsch, als Philosoph eine Gelehrtenlaufbahn einzuschlagen. Seine Regentschaft war überschattet von zahlreichen Kriegen an der Nordgrenze des Reichs. Kurz vor seinem Tod verfasste er im Feldlager im heutigen Österreich seine berühmt gewordenen *Selbstbetrachtungen*.

Aristoteles sagt: Freiheit ist wichtiger als Geld

Wer würde nicht gerne viel Geld verdienen und reich sein? Auch wenn wir oft so tun, als wären uns andere Dinge wichtiger als ein volles Bankkonto, verhalten wir uns doch häufig so, als gäbe es nichts Wichtigeres. Auch Aristoteles meinte, dass Reichtum etwas Erstrebenswertes ist, aber er unterschied dabei zwischen einem wahren und einem falschen Reichtum – und führt uns noch heute vor Augen, dass wir zumeist dem falschen Reichtum frönen.

Herr Aristoteles, lassen Sie uns über Geld reden. Was halten Sie davon, wenn Menschen nach Reichtum streben?

Reichtum? Reichtum ist großartig. Es kommt nur darauf an zu verstehen, was Reichtum eigentlich ist. Und darüber gehen die Meinungen bekanntlich auseinander. Deswegen müssen wir zunächst einmal klären, wie wir Reichtum definieren – und ob es so etwas wie einen wahren Reichtum gibt, den wir geflissentlich von einem falschen Reichtum unterscheiden müssen.

Schön, und wo liegt der Unterschied?

Dafür möchte ich dir eine alte Geschichte erzählen. Sie handelt von dem legendären König Midas. Er erbat sich einst vom Gott Dionysos, dieser möge ihm einen beliebigen Wunsch erfüllen. Der Gott gewährte ihm die Bitte, und Midas wünschte sich, dass alles, was er berührt, umgehend in Gold verwandelt werde. So geschah es. Solange Midas seinen

Stuhl und seinen Tisch berührte und beide sogleich in Gold ergänzten, freute er sich über seine neuen Schätze, doch als ihm sein Abendessen golden zwischen den Zähnen knirschte, begann er zu zweifeln, ob sein Wunsch so klug gewesen war. Und als seine Gattin schließlich beim Gutenachtkuss zur goldenen Statue mutierte, verfluchte er sich und bat den Gott, er möge ihn von dem selbst gewählten Unheil befreien.

Eine ziemlich moralinsaure Geschichte würde ich sagen: Gier ist böse, Gier ist schlecht.

Nein, nein, die Pointe ist eine andere. Die Geschichte zeigt, dass Gold und Geld für sich genommen wenig nützlich für uns sind. Warum? Weil sich, um es in meinen Worten zu sagen, ein rein materieller und monetärer Reichtum sehr schnell in einen Fluch verwandeln kann. Immer nur nach Geld zu streben macht den Menschen blind für das, was er zum Leben wirklich braucht: nicht nur Nahrung und menschliche Nähe, wie die Geschichte von Midas nahelegt, sondern vor allem Freiheit. Das ist der Punkt. Wer nach monetärem Reichtum strebt, läuft Gefahr, sich selbst in Unfreiheit zu stürzen und am Ende auf die Gunst der Götter angewiesen zu sein, um nicht in Not und Unglück zu enden.

Täten wir besser daran, wie die Bettelmönche zu leben oder wie Diogenes in eine alte Regentonne zu ziehen und auf jedes Eigentum zu verzichten?

Ich sage nicht, dass es verkehrt wäre, nach Geld und Besitz zu streben, aber – und das ist das Entscheidende – dieses Streben sollte nie ins Grenzenlose gehen. Es braucht ein Maß, ein natürliches Maß. Und dieses Maß heißt Autarkie. Oder nenn es Freiheit. Denn nur dafür ist der materielle Reichtum gut: dass er dich unabhängig macht; dass er dich mit allem versorgt, was du zu einem freien und guten Leben brauchst: genügend Nahrung, ein Dach über dem Kopf, im Winter eine Heizung, genügend Zeit für das Gespräch mit Freunden und die Mitgestaltung des Gemeinwesens. Mehr brauchst du nicht.

Und wenn ich durch eine Laune des Schicksals doch mehr haben sollte?

Dann musst du auf der Hut davor sein, dich von deinen Besitztümern abhänig zu machen. Stell dir vor, du musst dich um Personal kümmern! Stell dir vor, du musst mehrere Häuser verwalten! Stell dir vor, du musst deine Gläubiger oder Investoren bedienen! Abhängigkeiten über Abhängigkeiten. Unfreiheit und Sklaverei trotz all deines Goldes und all deines Geldes. Da geht es dir nicht anders als dem alten Midas, der betteln musste, um vom Fluch seines falschen Reichtums erlöst zu werden. Denn ein Reichtum, der dich fesselt, ist kein echter Reichtum. Echter Reichtum macht dich frei. Dieser Reichtum ist begrenzt. Und es liegt an dir, die Grenze gut zu setzen. Daran hängt nicht nur dein Glück. Daran hängt vor allem deine Freiheit.

Aristoteles (384–322 v. Chr.) war einer der ersten europäischen Philosophen, die sich ausdrücklich mit dem Thema Wirtschaft beschäftigt haben. So findet man im ersten Buch seiner Abhandlung über die *Politik* eine philosophische Analyse dessen, was die alten Griechen *oikonomía* nannten: Ökonomie. Darin zeigt er, warum Unternehmer nicht nach maximalem Profit, sondern nach Autarkie streben sollten: weil die Demokratie freie und unabhängige Bürger braucht.

Sokrates sagt:
Leute, schafft den Müll weg!

Öko liegt im Trend. Nicht nur, dass immer mehr junge Leute uns immer lauter ins Gewissen reden, auch Politik und Wirtschaft machen zunehmend Ernst mit Umweltschutz. Trotzdem sieht es in manchen Städten übel aus: Müll, Dreck, Hundekot. Warum verschmutzen wir immer noch so unsere Umgebung? Sokrates vermutet, dass der Müll in unseren Straßen ein Spiegelbild des Mülls in unseren Köpfen ist.

Herr Sokrates, war Athen zu Ihrer Zeit eigentlich auch schon so versifft?

Was meinst du wohl, mein Freund?

Na ja, wenn ich mir überlege, wie viele Leute da auf engstem Raum zusammengelebt haben, nehme ich an, dass es nicht gerade sauber war. Zumal ihr ja auch noch Esel und andere Tiere hattet.

Stimmt genau. In manchen Ecken hat's bei uns ziemlich gemuffelt. Aber verglichen mit dem, was ich bei euch beobachte, war das harmlos. Immerhin gab's bei uns kein Plastik, keine Chemie, keine alten Batterien, Autoreifen, E-Roller und Zigarettenkippen. Von daher war das Leben in der Stadt noch einigermaßen erträglich. Trotzdem hätte ich mir gewünscht, dass meine Mitbürger etwas konsequenter ihren Müll entsorgen.

Aber hattet ihr dafür nicht eure Sklaven?

Vergiss die Sklaven! Davon rede ich nicht. Ich rede von dem Müll, den ihr unter eurer Schädeldecke rumschleppt – dem Gedankenmüll, der euer Hirn benebelt. Denn weißt du was: Solange eure Köpfe nicht aufgeräumt sind, werdet ihr mit dem ganzen Müll, den ihr inzwischen angehäuft habt, nicht klarkommen. »Denn was innen, das ist außen«, hat einer eurer Großkopferten gesagt (Goethe, Anm. d. Autors). Recht hat er: Wenn ihr euren Mentalmüll nicht rausschafft, werdet ihr euren Restmüll erst recht nicht entsorgen.

Geben Sie doch mal ein Beispiel für diesen »Mentalmüll«.

Mentalmüll – das sind Sätze, mein Freund: Sätze, die man selten ausspricht, die aber im Hinterstübchen ihr Unwesen treiben. Sätze wie: »Ich mach, was mir Spaß macht«, »Ist mir doch egal, was die Leute denken«, »Hey, noch 'nen Skilift. Business geht vor Umwelt«. Oder, ganz perfide: »Ach komm, das haben wir immer so gemacht. Ist bisher noch immer gut gegangen.« Aber das ist Müüülllll! Bullshit, wie ihr sagt. In die Tonne und raus damit! Sonst erstickt ihr irgendwann noch an eurem Gedankenschrott.

Aber das ist nicht so einfach. Menschen ändern ihre Gewohnheiten nicht so schnell.

Ich glaube, niemand hat das so schmerzlich erfahren wie ich. Immer wenn ich andere auf ihren Gedankenmüll aufmerksam gemacht habe, wurde ich angefeindet. Dabei – das ist die Ironie bei der ganzen Geschichte – war der Kram, den sie mir auftischten, meist gar nicht ihrer. Ihre Glaubensätze hatten sie irgendwo aufgeschnappt oder sich von irgendeinem Promi oder Influencer aufschwatzen lassen – Sperrmüll, von dem sie glaubten, er sei auf ihrem eigenen Mist gewachsen und den sie deshalb mit Zähnen und Klauen verteidigten.

Und was kann man nun tun, um Menschen zum Müllentsorgen und Reinemachen zu bewegen?

Die Putz- und Reinigungsmittel heißen Denken und Fragen. Man braucht jemanden, der einem den Spiegel vorhält und einem klarmacht, wie man tickt. Und der einen an die Hand nimmt und auf den Gedankenmüll aufmerksam macht – der einem hilft, überhaupt zu sehen, was da für ein Dreck rumliegt. Dafür kann es sehr hilfreich sein, draußen anzufangen: Augen auf, Müll wahrnehmen, auflesen, in den Sack stecken und anständig entsorgen! Das ist eine gute Übung. Denn wenn du den Müll da draußen siehst und wegschaffst, wirst du mit der Zeit sensibler für den Müll da drinnen (zeigt an seinen Kopf). Also los. Räumen wir auf!

Sokrates (470–399 v. Chr.) ist so etwas wie die Galionsfigur der europäischen Philosophie. Sein großes Anliegen war es, seine Athener Mitbürger zum selbstständigen Denken zu animieren und nicht einfach auf das Gerede der Menge zu vertrauen. Damit machte er sich viele Feinde, die einen Prozess gegen ihn anstrengten, an dessen Ende er zum Tode verurteilt wurde. Doch sein kritischer Geist lebte weiter – vor allem in seinem Schüler Platon, der mit seinen Dialogen dem Sokrates ein Denkmal setzte.

Teil 5

Glück und gutes Leben

Epiktet sagt: Immer schön cool bleiben!

Alle klagen über Stress. Ein Termin jagt den anderen, hier ein Meeting, da eine Deadline. Wer wünschte sich da nicht Gelassenheit und Seelenruhe. Genau das ist es, was die antiken Stoiker ihren Schülerinnen und Schülern empfahlen. Ein berühmter Vertreter dieser philosophischen Richtung war der ehemalige Sklave Epiktet. Er verrät, wie man dem Leben mit stoischem Gleichmut begegnet.

Herr Epiktet, Sie gelten als Inbegriff der Gelassenheit. Aber wie würden Sie sich verhalten, wenn Ihnen jemand eine Delle ins Auto fährt?

Cool bleiben ist immer richtig, das kannst du mir glauben. Habe ich selber oft genug erlebt. Wobei die Worte meiner Heimatsprache Griechisch besser zum Ausdruck bringen, worum es dabei geht: *Apatheía* und *Ataraxía*. Schön cool bleiben, ich erklär' dir, was das heißt: *Apatheía* heißt nichts anderes als Leidenschaftslosigkeit. Und *Ataraxía* ist die Unerschütterlichkeit. Beides sind Qualitäten reifer und erwachsener Menschen – Tugenden, wie man das zu meiner Zeit nannte. Wer sie hat, der hat's im Leben leichter und wird auch eine Delle in seinem Auto locker wegstecken.

Okay, Autos gab es bei Ihnen noch nicht. Aber ist Ihnen vielleicht mal etwas Ähnliches passiert?

Oh ja, mein Freund! Ich wurde als Sklave geboren, und als Sklave wurde ich zur Zeit des Kaisers Claudius nach Rom gebracht. Als Sklave aber lernst du, cool zu sein – selbst dann noch, wenn du einen Herrn hast, der dir im Zorn ein Bein zertrümmert, wie es mir bestimmt war. Aber hätte ich ihm deshalb zürnen sollen? Hätte ich mein Leben lang der Welt erzählen sollen, welch ein Unrecht ich erleiden musste? Weder hätte ich mit meinen Klagen mein kaputtes Bein geheilt, noch hätte ich meiner Seele damit etwas Gutes getan. Im Gegenteil, ich hätte mich in meiner Opferrolle eingerichtet und mich noch einmal versklavt.

Sie meinen, Sie hätten sich zum Sklaven Ihrer selbst gemacht?

Genau, zum Sklaven meiner eigenen Befindlichkeit und Denkweise. Welch ein Unsinn wäre das gewesen. Und was für ein Unsinn wäre es erst, nicht wegen einem zertrümmerten Bein, sondern so einer Lappalie wie einem Blechschaden ein großes Trara zu machen.

Da verlangen Sie aber ziemlich viel von Ihren Mitmenschen.

Nun, ich weiß schon, eine solche Haltung einzunehmen, ist leichter gesagt als getan. Auch das hab' ich in meinem Leben oft erfahren müssen. Etwa als ich, damals schon ein Freigelassener, vom Kaiser des Landes verwiesen wurde, weil er keine Philosophen um sich duldete. Damals haderte ich mit meinem Schicksal – aber wusste eben auch, dass es mein Schicksal war, auf das ich keinen Einfluss hatte. Sinnvoller erschien es mir, mich immer wieder daran zu erinnern, dass ich meine Seelenruhe niemals davon abhängig machen dürfe, was mir in der Welt da draußen widerfährt – und dass mir durch meinen Intellekt die Chance gegeben ist, mich gegen allen Ärger, der mir widerfahren kann, zu imprägnieren.

Aber es gibt doch Dinge, über die man sich nur ärgern kann. Menschenrechtsverletzungen zum Beispiel oder eine Steuerprüfung.

Ihr ärgert euch im 21. Jahrhundert über andere Dinge als wir damals. Aber ehrlich gesagt ist der Grund des Ärgers ziemlich egal. Worauf es damals wie heute ankommt, ist, dass ihr den Hebel in euch jederzeit auf den »Macht nichts«-Modus umstellen könnt. Wenn dir das schwierig erscheint, dann beginn mit einer einfachen Übung, die ich in meiner kleinen Gebrauchsanweisung für das Leben vorgeschlagen habe: »Man verschüttet dir ein bisschen Öl, man stiehlt dir ein paar Flaschen Wein? Denke dabei: So teuer kauft man sich Gelassenheit, das ist der Preis für deine Seelenruhe. Umsonst bekommt man nichts.« Hey, das ist nicht schwer. Das bekommst du auch in deinem komischen 21. Jahrhundert hin!

Wollen Sie damit sagen, dass es uns anheimgestellt ist, mit unserer Denkweise unser Leben so auszutarieren, dass uns nichts mehr erschüttern kann?

Exakt, und deshalb tust du gut daran, dich in der Kunst dieser unerschütterlichen Seelenruhe zu üben, die ihr Coolness nennt. Denn dein Glück hängt allein an deiner Einstellung zum Leben. Es bringt dir gar nichts, die Welt nach deinen Wünschen umbauen zu wollen. Die Welt ist die Welt und sie tut, was sie tut. Ende der Durchsage. Das einzig Sinnvolle ist, dich selbst umzubauen: mit einem lächelnden Ja die Delle im Auto zu akzeptieren, die du eh nicht ändern kannst; und mit klarem Verstand dasjenige zu tun, was in deiner Macht steht. Frei von Leidenschaft und unerschütterlich im Herzen. So wirst du ein freier Mensch sein.

Epiktet (ca. 50–135) war ein griechischsprachiger Philosoph und Weisheitslehrer. Sein Name bedeutet »der neu Erworbene«, was zu erkennen gibt, dass er in seiner Jugend als Sklave im Hause eines römischen Freigelassenen namens Epaphroditios lebte. Das hinderte ihn nicht daran, Vorträge des stoischen Philosophen Gaius Musonius Rufus zu besuchen. Nach seiner Freilassung gründete Epiktet in Rom eine eigene Denkschule, die er allerdings auf Geheiß des Kaisers Domitian schließen musste. Er ging daraufhin nach Nikopolis in Nordwestgriechenland, wo er bis ins hohe Alter seine Lehrtätigkeit fortsetzte.

Epikur sagt: Auch sich freuen will gelernt sein

Es gibt gute Gründe, mit dem antiken Philosophen Epikur anzunehmen, der Sinn des Lebens bestehe darin, sich immer aufs Neue freuen zu können. Aber damit stellt sich nur umso dringlicher die Frage, was uns Menschen wirkliche und nachhaltige Freude bereitet. Epikur meinte, echt sei unsere Freude nur, wo sie frei ist – wo wir nicht zwanghaft nach Erlebnissen gieren, die immer mehr an Spaß in Aussicht stellen.

Herr Epikur, in der Welt von heute gibt es Menschen, die viel Zeit und Geld dafür investieren, extreme Erfahrungen zu machen, um extrem viel Spaß zu haben. Etwa, indem sie mit einem Seil am Fuß von einer Brücke springen. Was halten Sie davon?

Keine Ahnung, ich habe so etwas noch nie ausprobiert. Wer sich zu meiner Zeit selbst erproben wollte, konnte das bei einem unser vielen Kriege tun. Aber das war nie so meine Sache. Ich habe es vorgezogen, in meinem Garten zu lustwandeln, gute Gespräche zu führen und mich am Licht der Sonne zu erfreuen.

Aber Sie haben doch gesagt, wir Menschen täten gut daran, ein Leben der Freude zu führen. Wenn jemand daran Freude hat, extreme Herausforderungen zu bestehen, dann ist das doch eine gute Sache.

Jaja, ich weiß, was Sie meinen, aber so einfach ist es nicht. Nicht überall, wo Freude draufsteht, ist auch Freude drin. Vorderhand sieht es doch so aus: Sie nehmen sich etwas vor, artikulieren einen Wunsch. Und siehe da, es kommt so, wie Sie wollten, und dann freuen Sie sich. Das war's. Und was nun?

Na ja, Sie freuen sich, und wenn die Freude nachlässt, dann gibt es bestimmt ein nächstes Ziel, das Sie sich setzen, und wenn Sie auch das erreicht haben, ist die Freude doppelt so groß.

Irrtum, mein Freund, die Freude wird schwächer. Erst unmerklich, aber dann umso mehr. Und weißt du warum? Weil deine Freude nicht mehr frei ist, oder besser: weil *du* nicht mehr frei *bist*. Du verhedderst dich im Hamsterrad, brauchst immer neue Anreize, immer neue Wünsche, immer neue Ziele. Klar, du freust dich, wenn du wieder mal etwas erreicht hast, aber diese Freude verpufft so schnell, wie sie kam. Und während sie noch verpufft, wirst du immer abhängiger von deinen kleinen Kicks der Wunscherfüllung. Bis du auf die glorreiche Idee kommst, deine Ziele immer größer und extremer werden zu lassen – in der Hoffnung, dass auch die Freude dann extremer wird. Was aber nicht passiert. Stattdessen kannst du dich irgendwann gar nicht mehr freuen: 50 Kilometer gelaufen? Okay, dann 60. 60 Kilometer gelaufen? Okay, dann 70. Das nimmt kein Ende, außer du fällst vorher tot um.

Hm, aber dann wäre Freude ja so etwas wie eine Droge, die einen irgendwann in den Abgrund stürzt. Und die Lust an Extremerfahrungen wäre das Symptom einer gesteigerten Abhängigkeit.

Könnte sein, ja. Eure Wissenschaftler können dir auch sagen warum: Das hat etwas mit den körpereigenen Glückshormonen zu tun, die tatsächlich Abhängigkeiten verursachen und – schlimmer noch – die auf kalten Entzug setzen, wenn du nicht mehr kannst und irgendwann von deinem hohen Reizniveau wieder runtermusst. Deshalb ist es so wichtig, beizeiten die Kunst der Freude zu lernen. Darum ging's in meinen Büchern.

Und worin besteht diese Kunst der Freude?

Vor allem darin, dich an den Dingen zu freuen, die wirklich zu dir passen – die irgendwie naturgemäß sind und die unbegrenzt vorhanden sind. Wie gesagt, ich hatte immer die größte Freude, wenn ich mit guten Freunden durch meinen Garten schlenderte. Denn ich war dann völlig frei davon, irgendetwas Tolles erfahren oder etwas Extremes leisten zu müssen. Ich war dann auch frei von Angst und Sorge. Ich glaube, das ganze Geheimnis der Freude liegt darin, so zu leben, dass man sich an allem freut, was *ist*, und nicht an dem, was man *will*. Du möchtest dich freuen? Dann hör auf, dich freuen zu wollen.

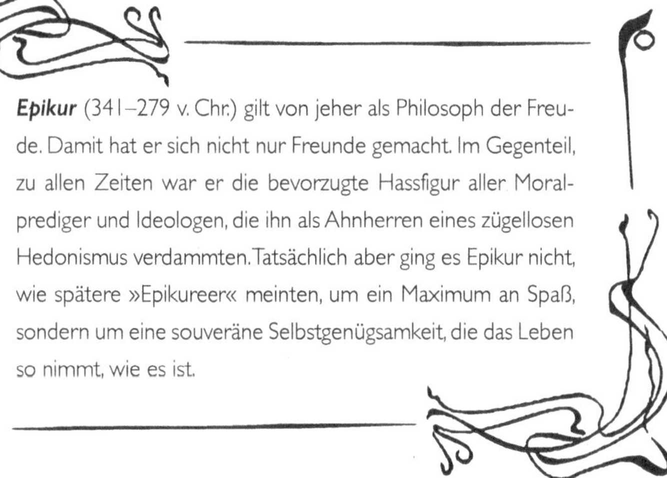

Epikur (341–279 v. Chr.) gilt von jeher als Philosoph der Freude. Damit hat er sich nicht nur Freunde gemacht. Im Gegenteil, zu allen Zeiten war er die bevorzugte Hassfigur aller Moralprediger und Ideologen, die ihn als Ahnherren eines zügellosen Hedonismus verdammten. Tatsächlich aber ging es Epikur nicht, wie spätere »Epikureer« meinten, um ein Maximum an Spaß, sondern um eine souveräne Selbstgenügsamkeit, die das Leben so nimmt, wie es ist.

Leibniz sagt: Alles wird gut!

Angesichts der Nachrichtenlage können selbst hartgesottenen Optimisten Mut und Zuversicht vergehen. Nicht so dem barocken Universalgenie Gottfried Wilhelm Leibniz. Er kam zu der Einsicht, dass es voll und ganz vernünftig ist, davon auszugehen, dass am Ende wirklich alles gut wird.

Herr Leibniz, wie kann ich optimistisch und zuversichtlich bleiben, wenn die Nachrichten voll sind von Kriegen und Pandemien, Untergangsszenarien und Hiobsbotschaften?

Nicht ohne Sorge habe ich vernommen, dass es in Ihrer Welt immer mehr Menschen gibt, die Mut und Zuversicht verlieren. Ja, das scheint der Menschen Los zu sein; und wahrlich, aus Erfahrung kann ich Ihnen sagen, dass das schon zu meiner Zeit nicht anders war. Als ich geboren wurde, tobte noch der Dreißigjährige Krieg. Die Welt war alles andere als in Ordnung; es gab reichlich Grund zum Pessimismus. Auch der Umstand, dass die meisten meiner diplomatischen Missionen scheiterten und meine Arbeiten zu Lebzeiten nicht die Beachtung fanden, die man ihnen später schenkte, hätte mich zu einem Griesgram oder Misanthropen werden lassen können. Aber das ist nicht geschehen, denn es gab da etwas, was mir half, trotz allen Rückschlägen und Widrigkeiten meinen Optimismus zu bewahren: die Vernunft, das Denken – vor allem die Logik und die Mathematik.

In der Welt von heute können Sie damit niemanden mehr begeistern. Wer auf die Vernunft setzt, gilt als logozentristisch. So etwas tun – mit Verlaub – nur noch alte weiße Männer.

Solche wie ich, meinen Sie? Nun gut, ich werde Sie nicht mit Einzelheiten langweilen und mich vielmehr auf das Wichtigste beschränken. Eigentlich ist die Sache auch gar nicht so kompliziert. Man muss nur den Hebel des Denkens richtig ansetzen. Zum Beispiel bei der Frage: Warum gibt es überhaupt etwas und nicht vielmehr nichts? – Nein, nein: Ich will Sie damit nicht erschrecken. Ich möchte nur darauf hinweisen, dass diese Frage uns an etwas Wichtiges erinnert: Wir können gar nicht anders denken als so, dass wir für alles, was es gibt und was uns in der Welt begegnet, eine Ursache annehmen dürfen und dass es deshalb auch für die Welt im Ganzen eine Ursache geben muss – dass also die Frage nach dem Grund der Welt nicht unbegründet ist. Können Sie mir noch folgen?

Geht so.

Gut, dann verrate ich Ihnen meinen Antwortvorschlag: Es gibt tatsächlich einen Grund dafür, warum die Welt so ist, wie sie ist. Die Religionen nennen ihn *Gott* – und um es mir mit dem Pfaffen nicht zu verderben, habe ich ihr Spiel mitgespielt und ihn auch so genannt. Aber ich meine dabei etwas völlig anderes als die Priester und Pastoren. Ich meine damit etwas, was Sie heute vielleicht eine Superintelligenz nennen würden oder einen Superalgorithmus. Überlegen Sie doch mal: Das Universum, in dem zu leben wir die Ehre haben, ist nur eine einzige Möglichkeit unter unendlich vielen anderen Universen, die auch möglich gewesen wären. Dass das Universum ausgerechnet *so* geworden ist, wie es geworden ist, kann man sich gar nicht anders erklären als dadurch, dass diese, uns bekannte Welt die *beste aller möglichen Welten* sein muss.

Herr Leibniz, ich bitte Sie: Auschwitz, Hiroshima, Völkermorde noch und nöcher – wie können Sie es wagen zu behaupten, diese Welt sei nicht nur gut, sondern auch noch gleich »die beste aller möglichen Welten«?

Oh, Sie können mir glauben, dass ich reichlich Prügel für diese Überlegung bezogen habe. »Was«, ereiferte sich später Herr Voltaire, »eine Welt, in der ein Erdbeben in Sekunden eine ganze Stadt wie Lissabon zerstört und Millionen Menschenleben auslöscht, soll die beste aller Welten sein?« Und vermutlich denken Sie Ähnliches. Klar, ich kann das nachvollziehen, aber leider muss ich Ihnen sagen, dass Sie nicht gründlich genug denken. Denn schauen Sie mal: Diese Welt, in der wir leben, sie ist absolut berechenbar und logisch. Selbst was uns heute unlogisch erscheint, werden künftige Algorithmen als rational enthüllen. Unsere Welt ist eine wunderbare Gleichung, die nach allem, was ich mit meinen bescheidenen mathematischen Mitteln errechnen konnte, immer aufgeht: eine *prästabilierte Harmonie*, wie ich das nannte – eine große Ordnung, die wir zwar nicht vollständig durchschauen können, von der wir jedoch genügend ahnen, um mit Recht zu sagen, dass die Welt in Ordnung ist.

Mir kommt das reichlich zynisch vor.

Weil Ihr Horizont zu beschränkt ist. Sie sehen nur das, was aktuell geschieht. Mit dieser reduzierten Perspektive kann man die Harmonie des Ganzen nicht erkennen – wohl aber, wenn Sie in Kategorien von Unendlichkeit und Grenzenlosigkeit denken. Im Unendlichen geht die Gleichung auf. Deshalb habe ich trotz allem Ärger, allen Kriegen und auch allen Katastrophen nie den Mut verloren, nie die Hoffnung aufgegeben. Auch wenn es im Einzelnen oft nicht gut läuft, glauben Sie mir, die Zahl der Möglichkeiten, was alles noch schlechter hätte ausgehen können, ist unendlich. »Shit happens«, wie mein Rivale Newton sagte, aber das ist nur die halbe Wahrheit. Die ganze Wahrheit lautet: *Es wird alles gut.*

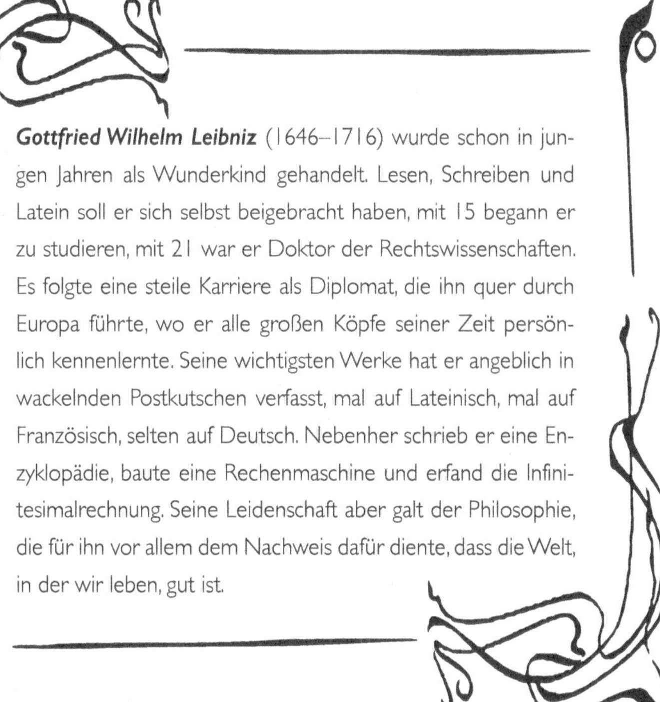

Gottfried Wilhelm Leibniz (1646–1716) wurde schon in jungen Jahren als Wunderkind gehandelt. Lesen, Schreiben und Latein soll er sich selbst beigebracht haben, mit 15 begann er zu studieren, mit 21 war er Doktor der Rechtswissenschaften. Es folgte eine steile Karriere als Diplomat, die ihn quer durch Europa führte, wo er alle großen Köpfe seiner Zeit persönlich kennenlernte. Seine wichtigsten Werke hat er angeblich in wackelnden Postkutschen verfasst, mal auf Lateinisch, mal auf Französisch, selten auf Deutsch. Nebenher schrieb er eine Enzyklopädie, baute eine Rechenmaschine und erfand die Infinitesimalrechnung. Seine Leidenschaft aber galt der Philosophie, die für ihn vor allem dem Nachweis dafür diente, dass die Welt, in der wir leben, gut ist.

Empedokles sagt: Weniger Fleisch, mehr Lebensqualität

Immer mehr Menschen entscheiden sich dafür, ihren Fleischkonsum zu reduzieren oder gänzlich einzustellen. Gerade bei jungen Menschen sind vegane oder vegetarische Kost angesagt. Auf der anderen Seite gibt es viele, die auf ihre Steaks und Currywürste nicht verzichten wollen. Wie findet man hier einen vernünftigen Weg? Der antike Heiler und Weisheitslehrer Empedokles erläutert den Zusammenhang von Ernährung und Humanität.

Herr Empedokles, sollten wir darauf verzichten, Fleisch zu essen?

Gegenfrage: Was, mein Freund, würdest du über einen Menschen sagen, der akribisch seine Vorfahren in Stücke schneidet, auf den Grill legt und genussvoll mit einer feinen Barbecuesoße verspeist? Fändest du nicht gut, oder? Ist ja auch eine unappetitliche Vorstellung, die nur noch zu überbieten ist durch die Vision, dass man dich selbst nach deinem Ableben in die Pfanne haut. Das würdest du nicht wollen. Aber genau darauf legt ihr es an, wenn ihr eure Spareribs in euch stopft. Denn es könnte durchaus sein, dass das T-Bone-Steak vor euch von einem Rind stammt, in dem die Seele eurer Oma wohnte. Deshalb ein klares »Ja« auf deine Frage: Ihr solltet auf den Fleischkonsum verzichten.

Das klingt offengestanden eher esoterisch als philosophisch. Deswegen hake ich noch mal nach: Ist das wirklich Ihr Ernst?

Selbstverständlich ist das mein Ernst. Denn Seelenwanderung hin oder her – eines habe ich verstanden: Alle Lebewesen sind miteinander verwandt. Streng genommen sind wir alle Teile eines einzigen großen Lebens. Und deshalb verletzen, ja töten wir uns ein Stück selbst, wenn wir Tiere quälen oder schlachten. Wir peinigen das große Leben, das durch uns ebenso hindurchfließt wie durch Fische, Schweine, Lämmer oder Kühe. Langfristig töten wir uns selbst durch unseren hemmungslosen Fleischkonsum.

Ganz im Ernst: Mit dieser Theorie werden Sie keinen Fleischfan davon abhalten, sommerabends den Grill anzuwerfen und ein feines Asado zu zelebrieren.

Da gebe ich dir Recht. Aber das funktioniert nur, weil ihr Modernlinge so überaus verblendet seid – weil ihr es gelernt habt, euch selbst zu täuschen. Denn eigentlich wisst ihr, dass Fleischessen euch schadet. Deshalb verlegt ihr das Schlachten in anonyme Fabriken fern eurer Städte. Ihr scheut euch, den Tieren, die ihr esst, in die Augen zu schauen, bevor ihr sie tötet. So etwas überlasst ihr lieber anderen. Ihr fürchtet eure eigene Empathie, die euch davon abhalten würde, zum Messer zu greifen. Denn eigentlich liebt ihr die Tiere genauso, wie ihr euresgleichen liebt. Ja, eigentlich wisst ihr um eure Verwandtschaft mit ihnen. Aber irgendwie könnt ihr trotzdem nicht davon lassen, ihr Fleisch in euch hineinzustopfen.

Aber war das nicht zu Ihrer Zeit genauso? Gerade in Ihrer sizilischen Heimat?

Ja, meine Zeitgenossen waren leidenschaftliche Fleischesser. Und auch damals war absehbar, dass ihnen zu viel Fleischkonsum nicht guttut. Deshalb habe ich ihnen die Geschichte von der Wiedergeburt erzählt.

Das war also nur so ein Trick von Ihnen? Ein pädagogisches Schelmenstück?

Nein, es war keine pure Erfindung. Ich glaube fest daran, habe ich mich doch in Trancezuständen immer wieder an frühere Inkarnationen meiner Seele erinnern können: als Fisch und Schwein, ja auch schon als junges Mädchen oder als Gebüsch. Wenn ich schon etliche Male in Tierleibern auf Erden wandelte, dann bin ich auch schon etliche Male geschlachtet und ausgenommen worden – und ehrlich gesagt: Das brauche ich nicht noch mal. Keiner braucht das noch mal. Auch ihr nicht! Darum: Lasst das Fleischessen! Wenn ihr damit aufhört, werden eure Enkel vielleicht gar nicht mehr damit anfangen – und euch bei eurer nächsten Wiedergeburt als italienisches Wildschwein nicht zur Salame Cinghiale verarbeiten.

Nun gut, aber Sie sagen ja selbst, dass man nicht unbedingt an die Wiedergeburtslehre glauben muss, um mit guten Gründen zum Veganer zu mutieren.

Ja, selbst wenn ich mir das alles bloß eingebildet haben sollte, bleibt doch ein wahrer Kern in der Seelenwanderungsgeschichte: dass wirklich alle Lebewesen dieser Erde miteinander verwandt sind und dass wir alle Teil eines großen Lebens sind, in dem eines mit dem anderen vernetzt ist. Eure Wissenschaftler können euch ja vorrechnen, dass euer Fleischkonsum dem Ökosystem ebenso wie eurer Gesundheit auf Dauer schadet – und dass ihr gut daran tätet, euch klarzumachen, dass mit jedem geschlachteten Tier ein Teil des großen Lebens, dessen Teil ihr seid, sterben muss. Die Dinge geraten aus dem Gleichgewicht, wenn ihr weitermacht wie bisher.

Aber müssen wir denn nun alle gleich zu Vegetariern oder Veganern werden?

Nein, ihr müsst nicht komplett auf eure Steaks verzichten. Es wäre schon viel gewonnen, wenn ihr euren Fleischkonsum reduziert. Ich esse offengestanden auch mal gerne eine Tagliata Fiorentina – denn es gibt ja auch ein paar meiner Vorfahren, die in die Pfanne zu hauen und kleinzukauen mir eine echte Freude ist. Also: Ganz so streng müsst ihr es nicht halten. Aber weniger Tiere töten heißt auf jeden Fall: mehr Mensch sein.

Empedokles (ca. 495–435 v. Chr.) gilt als einer der einflussreichsten Denker der Frühzeit der griechischen Philosophie. Aufgewachsen im sizilischen Akragas, dem heutigen Agrigent, stand er unter dem Einfluss der in Süditalien verbreiteten pythagoreischen Tradition, die aus dem Orient die Lehre von der Wiedergeburt einer unsterblichen Seele in die griechische Welt eingeführt hatte. Von Empedokles sind zwei Lehrgedichte bekannt, eines davon befasste sich mit der Weltordnung und das zweite ging der Frage nach, wie man sich als Mensch verhalten müsse, um seine ursprüngliche Göttlichkeit zurückzugewinnen. Als eines der probaten Mittel dazu erschien ihm der Verzicht auf jede Form von Fleischkonsum.

Nietzsche sagt: Schluss mit dem Schonwaschgang!

Wenn wir jemandem zum Geburtstag gratulieren, wünschen wir oft »vor allem Gesundheit«. Klar, denn Gesundheit ist für viele Menschen das höchste Gut. Gerade während der Covid-Pandemie wurde das deutlich. Aber ist Gesundheit wirklich das Wichtigste im Leben? Friedrich Nietzsche war immer krank – und hat sich gerade deshalb viele Gedanken über die Gesundheit gemacht.

Herr Nietzsche, wie geht es Ihnen heute?

Danke der Nachfrage. Nun, die Kopfschmerzen haben nachgelassen. Obwohl ich mir nach wie vor den Kopf über die Menschen zerbreche – also, ich meine, über Ihre Zeitgenossen. Sehen Sie mal, es ist bald 150 Jahre her, da ich über die Menschen der Moderne schrieb: »Man hat ein Lüstchen für den Tag und ein Lüstchen für die Nacht. Aber man ehrt die Gesundheit.« Daran hat sich nichts geändert.

Ja, ich erinnere mich. Das steht in *Also sprach Zarathustra*. Mit diesen Worten haben Sie diejenigen verspottet, die Sie »die letzten Menschen« nannten. Aber was finden Sie so problematisch daran, dass Menschen die Gesundheit ehren?

Wir alle wollen gesund sein. Ich auch. Meine Güte, Sie können sich nicht vorstellen, wie sehr ich unter meinen Kopfschmerzen gelitten habe. Ich bin quer durch Europa gereist, um Orte zu finden, an denen ich es irgendwie aushalten konnte. Aber das heißt nicht, dass ich alles meiner Gesundheit untergeordnet hätte. Ich wollte gesund sein, um meine Arbeit machen zu können, um etwas zu schaffen. Denn das, mein Freund, ist es, worum es im Leben geht: schöpferisch sein, kreativ sein, etwas Eigenes hinterlassen.

Aber Sie sagen selbst, dass man dafür gesund sein muss.

Sage ich nicht. Ich war auch nie gesund und habe trotzdem Großes geschaffen. Wahrscheinlich wäre mir das nie gelungen, wenn ich nicht meine Krankheit in eine Energiequelle verwandelt hätte. Es ging mir immerzu besch…eiden – ja, aber gerade deshalb habe ich wie wahnsinnig gearbeitet; gerade deshalb habe ich mein Bestes geben können. Ich wusste, was ich wollte – und das war viel mehr, als mich um meine Gesundheit zu kümmern, mir etwas Schönes zu gönnen oder im Spa rumzuhängen. Unter uns, mein Freund: Dass ihr so viel um eure Gesundheit kreist und so viel Aufhebens um eure Wehwehchen macht, verrät mir, dass ihr klein geworden seid – Zwerge, die keine Idee mehr davon haben, wofür sie leben wollen. Ihr lasst euch treiben und macht, was alle machen.

Na ja, aber es können doch nicht alle so große Autoren werden wie Sie, Herr Nietzsche.

Na und? Jeder kann in seinem Umfeld etwas Großes schaffen. Jeder kann seine verdammten Träume verwirklichen. Jeder kann tanzen, wenn er nur wollte. Aber ihr wollt nichts – außer ein bisschen Spaß haben und gesund sein! Und dann redet ihr euch auch noch ein, dass ihr ganz besonders vernünftig seid, wenn ihr alles diesen jämmerlichen Zielen unterordnet. Ich aber sage euch: Genau diese »Vernunft« könnt ihr in eure Restmülltonne klopfen. Diese »Rationalität« verhindert, dass ihr wachst und große Menschen werdet – Menschen, die sich dem Leben stellen, die sich dem Schmerz stellen, die ob ihrer Schwäche lachen und der Stimme ihres Herzens folgen.

Hm, und was müsste man Ihrer Ansicht nach tun, um – wie Sie sagen – ein großer Mensch zu sein?

»Man muss noch Chaos in sich haben, um einen tanzenden Stern gebären zu können.« Besser kann ich es nicht sagen. Schluss mit der ewigen Nüchternheit und dem Schonwaschgang! Mut zum Rausch statt ängstlich rumdümpeln, wäre meine Devise. Was man dafür braucht? Ein leidenschaftliches Herz, sonst nichts. Und das wohnt sogar in deiner Brust, mein Freund.

Friedrich Nietzsche (1844–1900) war einer der schärfsten Kritiker der technisch-rationalen Moderne. Mit seinem *Also sprach Zarathustra* inspirierte er Generationen von Künstlern und Denkern, neue Wege zu gehen. Dabei war Nietzsche häufig krank. Immer wiederkehrende Migräneschübe zwangen ihn dazu, quer durch Europa zu reisen, um Orte zu finden, an denen er es aushalten konnte – vorzugsweise in den Schweizer Alpen und in Norditalien. In dieser Zeit schrieb er viel über die leibliche und geistige Gesundheit des Menschen.

Seneca sagt: Wir *wollen* zu viel und *sind* zu wenig

Unser modernes Leben macht es uns zuweilen schwer, die Ruhe zu bewahren und locker zu bleiben. Einer, der es genau darin zur Meisterschaft brachte, war Lucius Annaeus Seneca, der selbst dann gelassen blieb, als ihn sein früherer Arbeitgeber, der berüchtigte römische Kaiser Nero, nötigte, sich selbst zu töten. Seither gilt er als Inbegriff der stoischen Gelassenheit. Hier verrät er, was es braucht, um sich diese Haltung anzueignen.

Herr Seneca, Sie waren zu Ihrer Zeit einer der wohlhabendsten Männer des römischen Reiches. Und Sie waren mächtig, hatten direkten Zugang zu Kaiser Nero, dessen Erzieher Sie waren. Dieser Nero entwickelte sich später zu einem üblen Tyrannen. Das ging so weit, dass er Sie zum Suizid nötigte. Trotzdem haben Sie nie die Nerven verloren. Wie haben Sie das angestellt?

Ach, wissen Sie, das alles ist doch nur eine Frage der Einstellung. Es gibt Dinge, an denen können Sie nichts ändern. Am Tod schon mal gar nicht. Irgendwann müssen Sie sterben. Ein paar Jahre früher oder später – was macht das schon, wenn Sie vorher damit angefangen haben, so zu leben, dass Ihre Tage Sie erfüllen und glücklich machen?

Na ja, aber das ist doch gerade das Problem. Das Leben ist nicht immer einfach. Und nicht jeder ist so reich, wie Sie es waren.

Aber nein, mein Freund, das hat doch mit dem Reichtum nichts zu tun. Der Gemütsruhe, von der wir hier reden, steht der Reichtum eher im Weg. Und wissen Sie warum? Weil Sie sich ständig um ihn sorgen müssen: »Wie kann ich mein Geld anlegen? Wie kann ich es schützen? Was kann ich damit tun?« Anstatt einfach zu leben und der täglichen Arbeit nachzugehen, zieht Geld ständig unsere Aufmerksamkeit auf sich und appelliert ständig an unseren Willen: »Mach was mit mir! Tu, was du willst!« Genau das steht der Gelassenheit im Wege: Wir *wollen* zu viel und *sind* zu wenig.

Sie meinen, wir sind zu wenig im Hier und Jetzt? Ihr Landsmann Horaz sagte: »Carpe diem« – Pflücke den Tag. Gehen Sie da mit?

Ja, der gute alte Horaz war ein toller Dichter, und das »Carpe diem« hat er wirklich schön gesagt. Aber mir geht es um mehr. Immerzu im Hier und Jetzt zu leben kann ja auch brutal anstrengend werden. Und zwar dann, wenn Sie dauernd danach trachten, die fetteste Frucht am Baum des Lebens zu pflücken – was ihr Modernlinge ja besonders gern macht. Aber so wird das nichts mit der Gemütsruhe. Wenn du nur gelassen sein willst, damit du ein tolles Leben hast, wirst du das Gegenteil bekommen: Dauerstress. Eure Selbstbezüglichkeit ist's, die euch nicht zur Ruhe kommen lässt.

Hm, das heißt, um wirklich gut zu leben, sollten wir weniger um uns selbst kreisen.

Korrekt, mein Freund. Und wenn ich mich mal selbst zitieren darf, dann nehmen Sie Folgendes als meine Antwort: »Es kann niemand gut leben, der nur an sich denkt und alles seinem persönlichen Vorteil unterstellt. Du musst für den anderen leben, wenn du für dich selbst leben willst.«

Aber wie werde ich dabei gelassen? Der Stress wird doch größer, wenn ich auch noch für andere sorge.

Eben nicht. Stress hast du, wenn du bei allem, was du tust, dein Ziel erreichen willst. Wenn du sagst: »Hey, ich engagiere mich total für Flüchtlinge, weil ich will, dass es denen besser geht!«, tust du es bei Lichte besehen nur für dich und nicht für diese Leute. Für andere leben heißt, *du tust, was dran ist.* Du nimmst die Dinge, wie sie sind: »Aha, Menschen sind in Not. Was brauchen die jetzt?« Darauf gibst du Antwort, das ist deine Verantwortung. Du handelst. So hab ich's auch gehalten, als Nero seinen Boten schickte: »Aha, der Kaiser will, dass ich sterbe. Das kann ich nicht ändern. Also mache ich den Abgang.«

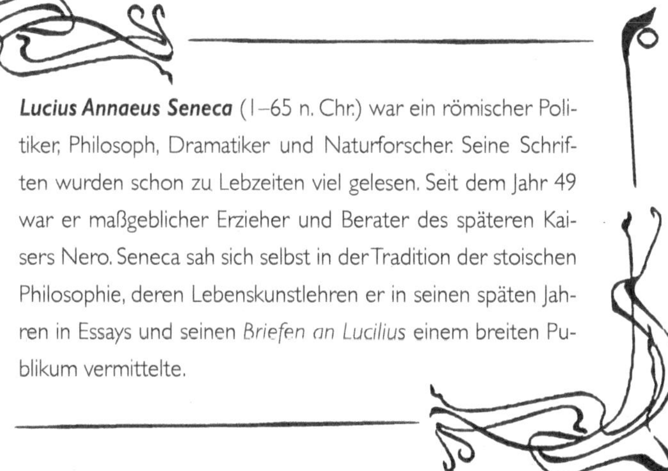

Lucius Annaeus Seneca (1–65 n. Chr.) war ein römischer Politiker, Philosoph, Dramatiker und Naturforscher. Seine Schriften wurden schon zu Lebzeiten viel gelesen. Seit dem Jahr 49 war er maßgeblicher Erzieher und Berater des späteren Kaisers Nero. Seneca sah sich selbst in der Tradition der stoischen Philosophie, deren Lebenskunstlehren er in seinen späten Jahren in Essays und seinen *Briefen an Lucilius* einem breiten Publikum vermittelte.

Epikur sagt: Don't worry, be happy!

Viele Menschen blicken ängstlich in die Zukunft: Werde ich gesund bleiben? Wird die Rente reichen? Welche Krisen müssen wir noch bewältigen? Solche Fragen sind nicht neu. Auch der antike Philosoph Epikur kannte sie. Sein erklärtes Ziel war es, die Menschen von ihren Ängsten zu heilen, sodass sie zu mehr Gelassenheit finden können.

Herr Epikur, Hand aufs Herz: Hatten Sie angesichts der vielen Unruhen zu Ihren Lebzeiten niemals Angst?

Doch, mein Freund, es gab solche Situationen. Zum Beispiel, als meine Eltern aus ihrer Heimat vertrieben wurden; aber da hatte ich mehr Angst um sie als Angst um mich. Ich war noch jung. Später habe ich begriffen, dass es nicht sinnvoll ist, angstvoll in die Zukunft zu schauen.

Tod, Armut, Sklaverei, Krankheit, Schmerzen? Die Welt, in der Sie lebten, hatte viel zu bieten, wovor man sich ängstigen konnte.

Um die Welt, in der du lebst, steht es auch nicht besser.

Deshalb reden wir ja miteinander. Wie kommen Sie darauf, dass man sich angesichts all dessen nicht ängstigen müsse?

Eigentlich gibt es nur zwei Dinge, vor denen Menschen Angst haben: Tod und Schmerzen. Aber warum? Der Tod geht uns nichts an. Solange wir leben, ist er nicht da. Und wenn er da ist, leben wir nicht mehr. Warum also Angst vor ihm haben? Ah, ich weiß, was du jetzt denkst:

Weil es dann mit dir vorbei ist. Aber was ist daran so schlimm? Du lebst jetzt. Jetzt ist der Augenblick, in dem du dich des Lebens freuen solltest. Wenn du dich jetzt des Lebens freust, wirst du morgen in Frieden sterben können.

»Lebe im Augenblick!« Ist das nicht ein bisschen wenig für einen Philosophen von Ihrem Kaliber?

Gut gegeben. Wir müssen klären, was das heißt. Es heißt *sein* und nicht *wollen*. Wenn du einfach nur *bist* und nichts weiter *willst*, kannst du mutig in die Zukunft blicken. Dann hängt dein Glück nicht daran, dass du irgendwann etwas bekommst, was du heute haben willst. Das Problem von euch modernen Menschen ist, dass ihr euer Leben immer auf morgen vertagt und Angst davor habt, dass diese Zukunft ausbleibt. Deshalb empfehle ich: Begnüge dich mit wenigem und freue dich an dem, was da ist.

So einfach ist das aber nicht. Man muss arbeiten, um sein Geld zu verdienen und Vorsorge fürs Alter zu treffen. Das Leben ist anstrengend, man kann nicht dauernd nur das tun, was einem Spaß macht.

Nicht das Leben ist das Problem, sondern du. Das Leben ist einfach. Was brauchst du wirklich? Gesunde Nahrung, ein Dach über dem Kopf und gute Freunde – vielleicht gelegentlich ein gutes Buch und gute Gespräche; und ein Herz voller Dankbarkeit dafür, bei diesem großen Lebensspiel mitspielen zu dürfen. Das alles zu bekommen ist nicht schwer. Alle Sorgen kommen daher, dass du lauter Dinge haben willst, die du in Wahrheit gar nicht brauchst. Konzentrier dich aufs Wesentliche: Das ist der Schlüssel zum Glück.

Manchen Menschen fehlt selbst das wenige, von dem Sie sagen, dass es für ein gutes Leben ausreicht.

Es hängt alles an der Haltung: Als ich krank darniederlag und unsägliche Schmerzen litt, war mein Herz noch immer voller Dankbarkeit für all das Gute, das mir widerfahren ist: ein Sonnenstrahl, ein Windhauch, das Lächeln eines Freundes, die Hilfsbereitschaft eines Menschen. Das Leben gibt uns alles, was wir brauchen. Darauf sollten wir vertrauen. Don't worry, be happy!

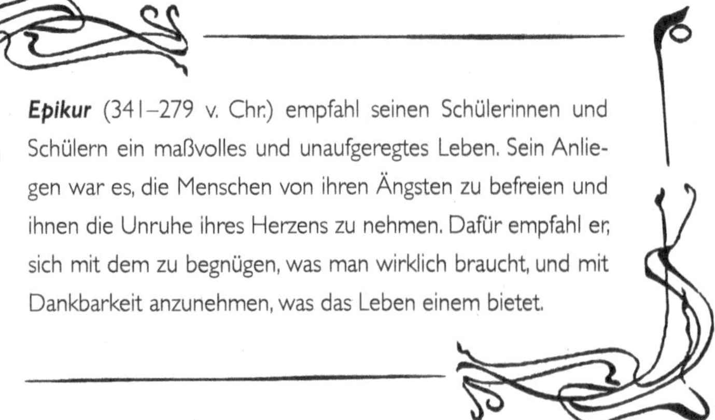

Epikur (341–279 v. Chr.) empfahl seinen Schülerinnen und Schülern ein maßvolles und unaufgeregtes Leben. Sein Anliegen war es, die Menschen von ihren Ängsten zu befreien und ihnen die Unruhe ihres Herzens zu nehmen. Dafür empfahl er, sich mit dem zu begnügen, was man wirklich braucht, und mit Dankbarkeit anzunehmen, was das Leben einem bietet.

Teil 6

Reise und Freizeit

Rousseau sagt: Urlaub machen heißt entschleunigen

Wer heute auf Reisen geht, muss sich Fragen stellen, die man früher nicht kannte: Wie steht es mit deiner Ökobilanz? Oder: Ist es moralisch vertretbar, in dieses oder jenes Land zu reisen? Wie kann man sich da zurechtfinden? Jean Jacques Rousseau ist ein Denker, der zu seinen Lebzeiten quer durch Europa tourte. Fragen wir doch mal ihn, wie man am besten verreist.

Herr Rousseau, wie kann man heute eigentlich noch Urlaub machen?

Très bien, mein Freund, ich weiß, was dich umtreibt: Du scharrst schon wieder mit den Füßen. Es dürstet dich nach Reisen. Du willst die Welt erkunden. Und dafür sind dir alle Mittel recht. Flugzeuge und Wohnmobile, Busse oder Kreuzfahrtschiffe, PKWs und Eisenbahnen. Doch seit neuestem sind da diese Leute, die dir ins Gewissen reden und dir weismachen wollen, deine Reiselust sei nicht in Ordnung. Sie erzählen dir vom Klimawandel oder dem ökologischen Fußabdruck, den du bei deinen Fernreisen zurücklässt. Sie verderben euch die Laune, oh ihr Reiselustigen. Oh, da seufzt ihr, meine Freunde, denn ihr seht eure Freiheit bedroht – und das wollt ihr nicht hinnehmen.

Na ja, aber das ist doch ganz verständlich. Immerhin ist die Reisefreiheit ein hohes Gut, das die Menschen gerade in Deutschland nicht preisgeben wollen.

Jaja, ich fühle mit dir, mein Freund, war ich's doch, der einst die Freiheit in den höchsten Tönen pries – und der seine Stimme gegen alle die erhob, die sie mit Füßen traten. Wenn es einen Denker gibt, der euren Freiheitshunger teilt, dann bin ich das, mein Freund. Aber, so muss ich euch dennoch fragen, wisst ihr eigentlich, was Freiheit ist?

Ich nehme an, Sie werden es mir gleich verraten.

In der Tat, denn ich hege den Verdacht, dass die Freiheit, die ihr für eure Reiselust in Anspruch nehmt, in Wahrheit *keine* Freiheit ist. Dass ihr vielmehr Getriebene seid, die dem Irrsinn des alltäglichen Lebens entkommen wollen. Könnte es sein, dass ihr gar nicht auf Reisen, sondern auf der Flucht seid, wenn ihr eure Koffer packt und euch davonstehlt? Könnte es sein, dass ihr vor euch selbst flieht, ihr Ruhelosen, weil ihr euch durch euren Wohlstand, eure Technik, ja auch eure »Bildung« von euch selbst entfremdet habt und nun nach einem besseren, gesünderen, natürlicheren Leben strebt?

Hm, schon, für einige meiner Bekannten könnte das zutreffen.

Um die Wahrheit zu sagen, *mes amis charmants* ich bin mir sicher, dass es sich so verhält. Denn ich weiß, wovon ich rede. Ich war häufig auf der Flucht. Acht Jahre zog ich quer durch Europa, um den Verfolgungen zu entkommen, die ich mit meinen Schriften auf mich gezogen hatte. So dachte ich jedenfalls, bis ich begriff, dass es mir eigentlich nur darum ging, dieses elende bürgerliche Kleid abzuwerfen, diese falsche Maskerade des angepassten Intellektuellen und Familienvaters. Oh, wie mich das quälte. Ich, Jean Jacques, ich wollte eintauchen in die Natur – zum Urmenschen werden, frei von allen ökonomischen und bürgerlichen Zwängen – ein Pilger auf dem Weg zu meinem wahren Selbst. »Man muss wissen, was sein soll, um das, was ist, recht beurteilen zu können«, schrieb ich einst.

Und was ist das Ihrer Ansicht nach »das, was sein soll«?

Ganz einfach: ein natürliches und individuelles Leben. Dahin aber, mein Freund, kommt man nicht mit Flugzeugen und Kreuzfahrtschiffen. Dahin kommt man nur auf Schusters Rappen: »Wer ans Ziel kommen will, kann mit der Postkutsche fahren, aber wer richtig reisen will, soll zu Fuß gehen.« Das ist mein Motto für gute Reisen. Und glaube mir, ich habe es häufig erprobt, wenn ich unterwegs war. Immer kam ich mir selbst am nächsten, wenn ich durch die Natur wanderte und die Städte hinter mir gelassen hatte. Von mir aus könnt ihr das auch mit dem Fahrrad machen, aber bitte nicht zu schnell – und ohne Motor.

Sie sind ja ein richtiger Öko!

Vielleicht, aber darum geht es mir nicht die Bohne. Mir ist nur wichtig, dass du deine verdammten Ketten sprengst: die Ketten der Konsumzwänge, die du dir selber auferlegt hast. Mach dich frei, mein Freund, jetzt ist die Zeit dazu. Brich auf aus dem Gefängnis deiner Konventionen! *Bon voyage*!

Jean Jacques Rousseau (1712–1778) war ein Denker, an dem sich die Geister des 18. Jahrhunderts schieden. Die einen verehrten ihn als »Deuter des Lebens« und »Helfer der Wahrheit«, die anderen verbrannten seine Bücher. Tatsächlich war er eine schillernde Figur – ein Autor, der in seinem Roman *Emile* für eine ganzheitliche Erziehung des Menschen votierte, seine eigenen fünf Kinder aber ins Findelhaus gab, der die bürgerliche Freiheit schätzte und allen bürgerlichen Konvention entkommen wollte. Kein Wunder, dass er überall aneckte und zuletzt sein Heil in einem zurückgezogenen und isolierten Leben suchte. Sein Nachruhm aber holte ihn zuletzt doch ein, als die französischen Revolutionäre seinen Sarg in den Pariser Pantheon überführten.

Thoreau sagt: Ab in die Wildnis!

Der Trend hält an: Immer mehr Menschen träumen von einem Urlaub in der Wildnis. Vor allem zivilisationsmüde Großstädter sehnen sich nach Einfachheit und Naturverbundenheit. Sie sind nicht die Ersten, denen es so geht. Den US-amerikanischen Philosophen Henry David Thoreau zog es schon in den 1840er-Jahren in die Wildnis, um dem wahren Leben auf die Spur zu kommen.

Herr Thoreau, was haben Sie für Ihren diesjährigen Sommerurlaub geplant?

Montana. Ich muss mal wieder raus. Je weiter weg, desto besser. Berge, Wälder, Einsamkeit. Ohne das kann ich nicht leben.

Haben Sie Ihren Trip bei einer Outdoor-Agentur gebucht oder gehen Sie auf eigene Faust los?

Was für eine Frage! Ich packe meinen Rucksack und marschiere los. Allein. Wenn ich in die Natur gehe, brauche ich keine Gefährten. Bäume und Berge sind mir Gesellschaft genug.

Und die Bären?

Die Bären haben mich bislang immer in Frieden gelassen. Und sie gehören dazu. Denn ich möchte da draußen das Leben in all seinen Facetten spüren. Dazu gehören auch die Gefahren, dazu gehören Einfachheit und Einsamkeit. Genau das sind die Katalysatoren, die ich brauche, um die Essenz zu spüren – das, was wirklich wesentlich ist, was aber unter dem Schlick der sogenannten Zivilisation begraben liegt.

Der Gang in die Wildnis ist für Sie so eine Art Reinigungsbad?

Genau so ist es. Schauen Sie: Daheim bin ich ständig unter Strom. Irgendetwas muss immer erledigt werden. Irgendein Text muss geschrieben werden. Du wirst zugemüllt mit lauter Informationen. Irgendwann blickst du nicht mehr durch. Irgendwann weißt du nicht mehr, was wichtig ist und zählt. Irgendwann läufst du nur noch mit und tust, was man von dir erwartet. Bis du irgendwann nachts in deinem Bett liegst und dir sagst: »Moment mal, das kann doch nicht alles sein.« Und dann, dann hörst du ihn – den leisen Ruf der Wildnis. Erst ganz leise: »Komm! Komm zu mir! Komm zu dir! Brich auf!« Dieser Ruf steckt in dir drin. Er steckt in allen deinen Zellen. Wenn du ihn hörst, dann folge ihm!

Ist das eine Erklärung für den Trend zum Outdoor-Urlaub?

Sie können das so sehen. Es ist jedenfalls eine Grundtatsache des menschlichen Lebens, dass wir alle die Sehnsucht nach einer urwüchsigen Lebendigkeit in uns tragen: die Sehnsucht nach einem freien und wilden Leben inmitten der Natur. Sie ist unser aller Mutter, und irgendwie wollen wir alle zu ihr zurück. Zumindest zeitweise. Denn wir ahnen: Alles Gute ist wild, alles Gute ist frei.

Aber ist es nicht eine Illusion zu glauben, wir könnten uns einfach so in die Arme von Mutter Natur flüchten? Haben wir uns nicht viel zu weit von ihr entfernt?

Es ist zugegebenermaßen schwer, die Zivilisation abzustreifen und die Wildnis aufzusuchen. Nicht nur, weil es im 21. Jahrhundert so gut wie keine unberührte Wildnis mehr gibt, sondern vor allem, weil wir gar nicht mehr wissen, wie wir uns jenseits unserer Komfortzonen verhalten sollen. Ich kenne kaum jemanden in eurer Welt, der es schaffen würde, eine Woche allein und ohne Dach über dem Kopf in den Bergen zuzubringen. Aber ich kenne viele Outdoor-Traveller, die zwar in die Natur gehen, ihre Komfortzone dabei aber mitnehmen. Sie verhalten sich dann wie Touristen, die alles interessant finden, sich aber von nichts berühren lassen. So etwas finde ich schwierig.

Was wäre denn Ihr Tipp für alle Outdoor-Hungrigen?

Klein anfangen. Die Wildnis ist näher, als du glaubst. Sie ist schon da, wenn du mit offenem Geist und offenen Sinnen am späten Abend in den Stadtwald gehst. Es liegt nur an dir, ob du dich auf sie einlassen kannst. Probier es einfach aus. Setz dich unter einen Baum und hör hin. Du wirst es nicht bereuen.

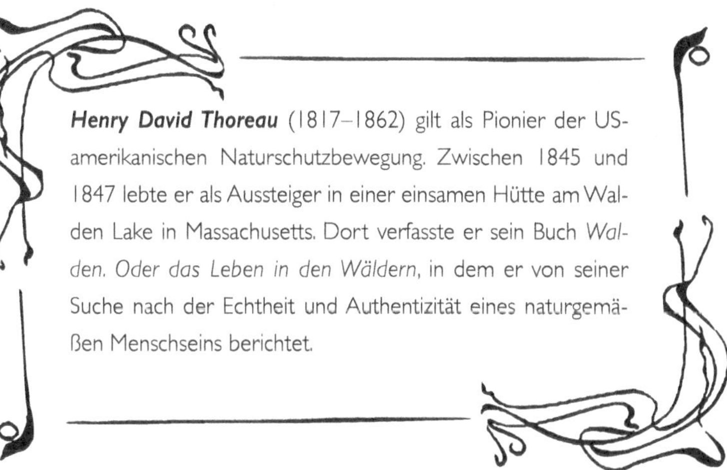

Henry David Thoreau (1817–1862) gilt als Pionier der US-amerikanischen Naturschutzbewegung. Zwischen 1845 und 1847 lebte er als Aussteiger in einer einsamen Hütte am Walden Lake in Massachusetts. Dort verfasste er sein Buch *Walden. Oder das Leben in den Wäldern*, in dem er von seiner Suche nach der Echtheit und Authentizität eines naturgemäßen Menschseins berichtet.

Hegel sagt: Im Museum triffst du dich selbst

Coole Ausstellungen kann man sich ja gelegentlich mal anschauen – aber Museen, in denen irgendwelche alten Sachen aufbewahrt werden? Muss das sein? Was geht uns moderne Menschen an, wie frühere Generationen lebten? Eine ganze Menge, meint Georg Wilhelm Friedrich Hegel. Hier erklärt der Vordenker der Geschichtsphilosophie, wieso wir gut daran tun, uns mit Geschichte zu befassen.

Herr Hegel, was bringt es mir, altes Zeug in Museen anzuschauen?

Also woischt, I bi ja a Schwoab. Und a Schwoab ka gar net andersch als alles uffz'hebe, was ihm querkommt. Heidenei, des verstoasch ja net, denn du bischt ja wohl koa Schwoab, sonst tätst et froge, ob des guat isch, sich im Museum so an alte Gruscht az'gucke. Also auf gepflegtem Hochdeutsch: Wir Schwaben neigen dazu, Dinge aufzuheben. Und als ein schwäbischer Philosoph neige ich – auch nach vielen Jahren in Berlin noch – dazu, genau das gut und sinnvoll zu finden. Denn mit dem Aufheben hat es eine eigentümliche Bewandtnis. Das Aufheben ist nämlich die Lieblingsbeschäftigung des Geischtes – pardon: des Geistes. Vielleicht sind wir Schwaben deshalb auch alle ganz besonders geischtreich, haha – nein, stopp, das war ein Witz.

Wollen Sie damit sagen, dass gebildete Menschen besonders dazu neigen, Dinge aufzuheben oder sich alte Sachen im Museum anzuschauen?

Nein, das ist nicht der Punkt. Wenn ich vom Aufheben rede, dann musst du das Wort in seinen verschiedenen Bedeutungen vernehmen. Und nun pass gut auf: *Aufheben* – so habe ich's vor langen Jahren in meiner *Phänomenologie des Geistes* ausgearbeitet – kann dreierlei bedeuten: etwas aufbewahren beziehungsweise etwas vor der Kehrichttonne retten; etwas abschaffen, wie man etwa ein Verbot aufhebt; und etwas auf eine höhere Ebene bringen – so wie man etwas vom Fußboden aufhebt, wenn es runtergefallen war. Und jetzt kommt's: Wenn der Geist etwas aufhebt, dann geschieht alles drei zugleich. Und das ist dann auch die Erklärung dafür, warum es dir eine ganze Menge bringt, gelegentlich mal ein Museum aufzusuchen.

Sorry, aber das ging mir jetzt ein bisserl zu schnell.

Habe ich mir schon gedacht. Also: Als Erstes mach dir klar, dass du nicht vom Himmel gefallen bist. Nein, bist du nicht: Du bist in eine Welt hineingeboren, die schon vor dir da war und die eine Geschichte hat. Die Welt, in der du lebst, ist eine *gewordene* Welt. Und je mehr du in sie hineinwächst, desto mehr saugst du sie auf – und mit ihr auch ihre Geschichte. Die Weise, wie du denkst, wie du sprichst, wie du fühlst – alles hat eine Geschichte, die weit, weit vor deine Geburt zurückreicht.

Was ist das für eine Geschichte?

Es ist die Geschichte des Geistes, die Geistesgeschichte, die wir bis zu den ersten Anfängen der Menschheit zurückverfolgen können. Ja, wie ein roter Faden zieht sich der Geist durch die Jahrhunderte. Und mit jedem Jahrzehnt – das war meine größte Entdeckung – wird er etwas … geistreicher, etwas umfassender, etwas komplexer, etwas bewusster. Und wie macht er das, willst du jetzt bestimmt wissen. Die Antwort kennst du schon: durchs Aufheben.

Hm, hätten Sie ein Beispiel, das Ihre Gedanken etwas anschaulicher macht?

Augenblick, ja doch. Nehmen wir ein Beispiel aus der jüngeren Vergangenheit: die Europäische Union. Nach zwei verheerenden Weltkriegen und dem Faschismus war man sich in Europa einig, dass so etwas nie wieder geschehen dürfe. Also schloss man sich zu einer Europäischen Gemeinschaft zusammen. Dabei wurde einiges aufgehoben: Alte Feindschaften wurden *abgeschafft*, während nationale Eigenheiten *aufbewahrt* blieben. Und Europa wurde auf eine neue Entwicklungsstufe gehoben – die heute allerdings vielen Menschen Kopfzerbrechen bereitet, wenn man bedenkt, was abgeht in Ländern wie Polen, Ungarn oder Großbritannien. Und nun sage ich dir: Du kannst das heutige Europa nur verstehen, wenn du seine Geschichte kennst. Du verstehst den Geist deiner Zeit nur, wenn du dir klarmachst, was er alles *aufgehoben* hat – im dreifachen Sinne. Und was er aufgehoben hat, findest du häufig als »altes Zeug« in den historischen Museen.

Museen sind, wenn ich Sie richtig verstehe, so etwas wie Speicher unserer eigenen Herkunft. Sie geben etwas von dem zu erkennen, wer wir sind. Richtig?

Is schoa recht. Wenn du verstehen willst, wer du bist und in welcher Welt du lebst, dann tust du gut daran, dich mit der Vergangenheit zu befassen. Klar, du kannst so tun, als wärest du vom Himmel gefallen – aber damit fällst du auf die Nase. Im Einzelfall ist das nicht schlimm. Wenn aber ein ganzer Kontinent seine Geschichte vergisst, dann wird es eng. Deshalb glaube ich, es bringt euch allen was, gelegentlich mal in ein Museum zu gehen.

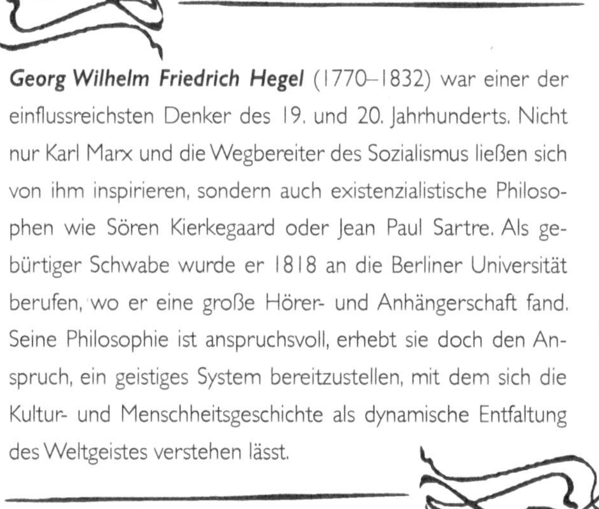

Georg Wilhelm Friedrich Hegel (1770–1832) war einer der einflussreichsten Denker des 19. und 20. Jahrhunderts. Nicht nur Karl Marx und die Wegbereiter des Sozialismus ließen sich von ihm inspirieren, sondern auch existenzialistische Philosophen wie Sören Kierkegaard oder Jean Paul Sartre. Als gebürtiger Schwabe wurde er 1818 an die Berliner Universität berufen, wo er eine große Hörer- und Anhängerschaft fand. Seine Philosophie ist anspruchsvoll, erhebt sie doch den Anspruch, ein geistiges System bereitzustellen, mit dem sich die Kultur- und Menschheitsgeschichte als dynamische Entfaltung des Weltgeistes verstehen lässt.

Nietzsche sagt: Move yourself!

Überfüllte Städte, Schlangen vor Sehenswürdigkeiten, Gesundheitsrisiken – Reisen ist nicht mehr das, was es einmal war. Wie wäre es, angesichts dessen das physische Reisen einzustellen und sich im Metaverse umzuschauen – oder das Reisen ganz in den Kopf zu verlegen? Friedrich Nietzsche war ein großer Reisender und ein Kopfmensch. Trotzdem ist das Reisen für ihn eine zutiefst körperliche Angelegenheit.

Herr Nietzsche, Bücher lesen, die Augen schließen und die Fantasie anschmeißen. Wäre das nicht eine elegante Weise, wie man in der Welt von heute gefahrlos auf Reisen gehen könnte?

Langsam, immer schön der Reihe nach: Bücher lesen finde ich großartig. Ich war immer ein großer Leser und lasse mich gerne von guten Autoren in ihre Welt entführen. Augen schließen ist definitiv auch eine feine Sache – das muss ich sowieso recht oft, weil ich immer wieder unter höllischer Migräne leide. Und was die Fantasie betrifft, war ich – bei aller Bescheidenheit – ein echter Champion; sonst hätte ich mir wohl kaum einen so schrägen Weisen wie Zarathustra ausdenken können. Aber selbst das alles zusammengenommen: Die Idee, Reisen ins Kopfkino zu verlegen, halte ich für ausgemachten Quatsch.

Aber wieso? Ihr Kollege Kant hat sich ja auch dessen gerühmt, seine Heimatstadt Königsberg nie zu verlassen und die Welt vom Schreibtisch aus zu erkunden.

Vielleicht wollte er einfach nicht auf seine Königsberger Klopse verzichten.

Das ist nicht Ihr Ernst!

Doch, ist es. Ich bin nämlich zutiefst davon überzeugt, dass scheinbar so nebensächliche Dinge wie Klima, Küche oder Kultur für unser Befinden extrem wichtig sind. Und zwar nicht nur für unser körperliches Befinden, sondern auch für unser Denken. So vertrete ich beispielsweise die These, dass meine deutschen Landsleute deshalb so mürrisch sind, weil sie in ein falsches Klima geraten sind und sich außerdem auch noch schlecht ernähren.

Wie kommen Sie denn darauf?

Aus eigener Erfahrung. Wissen Sie, in meinen späteren Jahren war ich andauernd auf Reisen. Mein Leben glich dem eines Nomaden: immer auf der Suche nach guten Weideplätzen – allerdings nicht für mein Vieh, sondern für mein Denken. Dabei zog es mich vorzugsweise ins Hochgebirge, nach Sils Maria im Schweizer Oberengadin, wo ich meine größten Werke schrieb. Oder weiter in den Süden nach Nizza, Mailand, Venedig oder Ligurien. Diese Orte inspirierten mich und gaben mir eine gewisse Leichtigkeit. Vor allem linderten sie meine oft unerträglichen Kopfschmerzen.

Okay, aber das ist Ihre persönliche Erfahrung und noch keine philosophische Theorie.

Eben doch. Genau das ist mein Punkt. Denn es gibt überhaupt keine philosophischen Theorien, die nicht irgendwie mit unserer körperlichen Befindlichkeit zu tun haben. Alles, was wir denken, wurzelt in unserem

Körper. Deshalb schicke ich in meinem Hauptwerk *Also sprach Zarathustra* auch ein paar markige Worte an die Adresse derer, die ich »Verächter des Leibes« nenne.

Kurz gesagt: Friedrich Nietzsche ist kein großer Fan von Kopfreisen …

Kein Fan? Sie sind ja ein richtiger Scherzbold. Nein, ich halte es sogar für eine verhängnisvolle Krankheit des Denkens, den Geist vom Leib zu trennen. Sehen Sie, der Mensch ist eine Ganzheit – und Reisen ohne Körper ist deshalb nichts anderes als eine subtile Form des Selbstbetrugs.

Friedrich Nietzsche (1844–1900) war gerade erst fünf Jahre alt, als sein Vater überraschend starb. Gleichwohl begann er eine steile Karriere: Er absolvierte erfolgreich das Elitegymnasium Schulpforta bei Naumburg und wurde nach wenigen Studienjahren mit nur 25 Jahren zum Professor nach Basel berufen. Es begannen schöpferische Jahre, die stark durch seine Freundschaft mit Richard Wagner geprägt waren. Ab 1878 verschlechterte sich sein Gesundheitszustand dramatisch. Nietzsche sah sich gezwungen, seine Lehrtätigkeit aufzugeben, und arbeitete nun als freier Autor, ständig auf Reisen, von denen er sich Linderung seiner Migräneanfälle versprach. 1889 erlitt er in Turin einen geistigen Zusammenbruch, von dem er sich nicht mehr erholte.

Epikur sagt:
Weise gehen in den Garten

Ein Garten ist hübsch, aber er soll keine Arbeit machen. So denken viele Menschen und schütten ihren Vorgarten mit Steinen zu. Das sieht zwar nicht toll aus, ist aber pflegeleicht. Doch könnte es sein, dass dabei mehr verloren geht als nur ein Lebensraum für Pflanzen und Tiere. So jedenfalls sieht es Epikur, der seine berühmte Philosophenschule nicht zufällig in einem Garten einrichtete.

Herr Epikur, warum haben Sie eigentlich Ihre Philosophenschule in einem Garten gegründet?

Weil ein Garten der ideale Ort zum Philosophieren ist. Diese Einsicht hatte vor mir schon Kollege Platon, dessen Akademie ebenfalls in einem Garten zu Hause war. Gar nicht weit von mir übrigens, nur nicht so schön.

Danke für das Stichwort »schön«. Sind Gärten deswegen bevorzugte Aufenthaltsorte von Philosophen, weil sie schön sind?

Die Schönheit spielt gewiss eine Rolle. Aber sie ist nicht der einzige Grund, warum die Philosophie in den Garten gehört. Wichtiger scheint mir zu sein, dass die Philosophie viel mit einem Garten gemein hat. Oder sagen wir besser so: dass das Philosophieren und das Gärtnern aufs Engste verwandt sind. Denn was ist ein Garten? Ein Garten ist ein Ort, an dem Natur und Geist einander überlappen. Alles im Garten ist lebendig. Alles ist eingebunden in das große Geflecht der lebendigen Welt, die wir Griechen *kosmos* nannten. Alles ist Natur. Aber es ist nicht nur Natur. Im Garten wird die Natur kultiviert. Ohne sie dominieren zu wollen, gibt der Mensch ihr eine Gestalt, die sowohl den Notwendigkeiten der Pflanzen und Tiere genügt als auch den ästhetischen, ökonomischen und sozialen Interessen des Menschen. Ein Garten ist der Kulturraum schlechthin. Die Philosophie öffnet ebenfalls einen Kulturraum. Nur dass in diesem Kulturraum nicht Pflanzen wachsen und gedeihen können, sondern menschliche Seelen. Und die Aufgabe der Philosophen ist es, diesen Kulturraum so zu bestellen, dass die Seelen darin wachsen und gedeihen können – dass sie ihr Potenzial entfalten und zu ihrer ganzen Schönheit erblühen.

Philosophen sind dann so etwas wie Menschengärtner. Würden Sie Ihre Profession so beschreiben?

Absolut. Ich sehe mich als jemanden, der die Menschen, die in seinen Garten kommen, darin unterstützt, zu reifen und sich zu schönen Wesen zu entfalten. Ich ermutige sie zu einem einfachen Leben im Einklang mit der Natur – zu einem Leben der Freude, das sich an dem ergötzt, was ist, und seine Energie nicht damit verpulvert, alles so einzurichten und zu steuern, wie man es gern hätte. Sein im Hier und Jetzt – das ist es, was wir Menschen von den Bäumen und Blumen lernen können.

Und spielt dabei auch das Gärtnern eine Rolle? Sieht man Sie in Ihrem Garten auch mal mit Strohhut und Gießkanne?

Ich liebe es zu gärtnern. Es ist eine wunderbare Tätigkeit, die es mir erlaubt, so ganz in der Präsenz zu sein. Mein ganzer Geist ist dann den Pflanzen zugewandt. Ich vergesse mich selbst und tauche ein in die Gegenwart des Lebens. Ich inhaliere die Schönheit. Ich verschmelze mit der Natur. Zugleich wächst und gedeiht mein Geist. Umgeben von meinen Blumen und Büschen keimt in mir ein neues Denken – eines, das nicht verseucht ist von dem Unrat des alltäglichen Geredes oder von der intellektuellen Borniertheit der Hochschulen. Nein, mein Freund, ich kann es dir nur empfehlen: Wenn du philosophieren willst, dann geh in einen Garten. Hege und pflege ihn, verschmilz mit ihm. Dann wird auch dein Geist zu einem schönen Blumenbeet, in dem die Gedanken wie Rosen wachsen.

Aus Praktikabilitätsgründen einen Vorgarten mit Steinen zuzuschütten wäre nicht so Ihr Ding, oder?

Wer solches tut, der schädigt seine eigene Seele oder gibt dem Schaden seiner Seele Ausdruck. Ich mache das niemandem zum Vorwurf, denn in eurer Welt ist es schwer, sich eine unbeschadete Seele zu bewahren. Aber es tut mir doch sehr leid, wenn Menschen sich das Beste verweigern, was das Leben bietet: einen schönen Garten.

Epikur (341–279 v. Chr.) gründete um das Jahr 305 v. Chr. in einem Garten vor den Toren Athens eine Art spirituelles Zentrum, in dem er Männer und Frauen, Freie und Sklaven, Gelehrte und Ungebildete um sich scharte, denen er seine Theorie vom guten Leben theoretisch und praktisch nahebrachte. Er votierte für einen einfachen und unaufgeregten Lebensstil, der es den Menschen immer wieder erlaubt, sich an den einfachen Dingen dieser Welt zu erfreuen.

Sappho sagt: Mach dich schön!

Der menschliche Körper und seine Bedürfnisse sind von den Philosophen des Abendlandes oft stiefmütterlich behandelt worden. Allenfalls in der Antike findet man eine gewisse Wertschätzung des Leibes. Etwa bei der Dichterin Sappho, deren erhaltene Schriften zu erkennen geben, dass Körperpflege aus einer menschlichen Lebenskunst nicht wegzudenken ist – und dass es gute philosophische Gründe dafür gibt, warum das so ist.

Frau Sappho, Sie unterhielten auf der Insel Lesbos eine Schule für Mädchen und junge Frauen. Auf dem Lehrplan stand auch das Unterrichtsfach Kosmetik. Mal im Ernst: Gehört so etwas wirklich ins Curriculum?

Aber gewiss doch, mein Freund. Denn was ist wichtiger als Schönheit? Schönheit ist es, was den Menschen adelt. Schönheit ist es, was die Götter ziert. Schönheit ist es, was den Geist beflügelt. Schönheit ist es, was die Seele nährt.

Das haben Sie wirklich schön gesagt, Frau Sappho, aber sollten wir dabei nicht eher an die sublime Schönheit der Kunst und Musik denken als an die so fragile und flüchtige Schönheit des menschlichen Leibes, derer sich die Kosmetik annimmt?

So sage mir, mein Freund, ob du je Schöneres erblicktest als den wohlgeschmückten Leib von einem schlanken Mädchen; oder ob nie dein Auge sich am Anblick eines jungen Manns erfreute, der zu der ersten Blüte seiner Manneskraft erwachte? Rührte dich nie das Antlitz einer reifen Frau, in deren Augen sich der Glanz der Liebe spiegelt? Und tanzte nie das Herz in deiner Brust, da dir ein wacher, zugewandter Mann begegnete. Ja, kennst du nicht die Schönheit eines altersweisen Menschen, der gepflegt und gut gekleidet seinen späten Jahren Würde zu verleihen weiß? Nur wenn all das deinem Blick entgangen ist oder dein Geist durch weltfremde Moral verblendet wurde, wirst du den hohen Wert der Körperpflege und Kosmetik verkennen.

Vielleicht ist mein Blick tatsächlich etwas getrübt, aber ich denke, man muss doch unterscheiden zwischen der natürlichen Schönheit eines Menschen und den manchmal verzweifelten Bemühungen, mithilfe kosmetischer Mittel oder Interventionen den Anschein von Schönheit zu erwecken.

Da hast du wohl gesprochen, lieber Freund. Denn du weist hin auf einen großen Unterschied, der zwischen dem besteht, was wir im alten Griechenland Kosmetik nannten, im Gegensatz zu dem, was ihr zum Teil damit bezeichnet. Unser Wort Kosmetik weist uns auf den Kosmos – auf die große, schöne Ordnung dieser Welt. Dieser Kosmos ist lebendig. Alles in ihm ist im Wandel. Tod und Leben sind in ihm verschränkt. Aber immer wieder fügt er alles so zusammen, dass er mit sich übereinstimmt und wie eine große Symphonie die Zeit durchdringt. Unser Leib ist Teil des Kosmos, und es ist uns so wie allen anderen Lebewesen auch die Aufgabe gestellt, ihn zu hegen und zu pflegen, sodass er harmonisch mit der großen Schönheit übereinstimmt. Darum geht es der Kosmetik, wie wir Griechen sie verstanden. Ihr hingegen haltet sie für eine Technik, mittels derer ihr dem Leib Gewalt antut. Ihr zwingt ihm eine Form und Gestalt auf, die ihr ihm geben *wollt* – und raubt ihm damit seine Würde.

Kosmetik dient, wenn ich Sie recht verstehe, dem Erhalt der natürlichen Schönheit und nicht der Erzeugung einer artifiziellen Schönheit des Körpers?

So ist es, lieber Freund, sie dient dem Schmuck des Lebens – dient dazu, der Liebenswürdigkeit des Menschen einen Liebreiz zu verleihen, die alle erfreut, die ihm begegnen. Gewiss braucht es dafür auch eine seelische Kosmetik, die ich meinen Schülerinnen durch die Poesie vermittelt habe. Doch vollkommen ist die Blüte eines Menschen immer erst, wenn Schönheit seinen Leib *und* seinen Geist durchdringt. Dann wird er zur Freude und zum Trost seiner Gefährten und Gefährtinnen, und was könnte sonst das Leben von Sterblichen mit Sinn und Glück erfüllen?

Sappho (ca. 630–570 v. Chr.) gilt als größte Dichterin der antiken Welt. Um ihren Rang zu betonen, nannte sie der Philosoph Platon »die zehnte Muse«. Sie betrieb in Mytele auf der Insel Lesbos eine Bildungseinrichtung für junge Frauen, die sie in musischen Fertigkeiten wie Poesie, Musik, Gesang und Tanz unterrichtete und mit denen sie bei Festen zu Ehren der Götter auftrat. Ihre Lyrik besingt in immer neuen Variationen die Schönheit des menschlichen Körpers und die erotische Liebesleidenschaft.

Rousseau sagt: Entsorg dein Wohnmobil!

Die Caravaning-Branche boomt wie nie zuvor. Immer mehr Menschen träumen von der großen Freiheit, im eigenen Wohnmobil die Welt zu erkunden. Freiheit war das große Thema des Aufklärungsphilosophen Jean Jacques Rousseau. Von ihm kann man lernen, wie man als Reisender wirklich frei ist.

Herr Rousseau, Sie waren immer viel auf Reisen und haben außerdem jede Menge Gedanken darauf verwendet, was es mit der Freiheit auf sich hat. Heutzutage versprechen sich viele Menschen Freiheit davon, im eigenen Wohnmobil durch die Welt zu reisen. Können Sie diesen Wunsch verstehen?

Gewiss, mein Herr, den Wunsch nach Freiheit kann ich gut verstehen. Nicht zufällig beginnt mein berühmtestes Buch mit den Worten: »Der Mensch ist frei geboren, doch überall liegt er in Ketten«. Und dabei dachte ich nicht nur an die Ketten der feudalistischen Gesellschaftsordnung, die zu meiner Zeit so viele Menschen in Knechtschaft hielten und die zu sprengen das Anliegen der Revolutionäre von 1789 war, die sich auf mich beriefen. Nein, mehr noch dachte ich an die Ketten, die sich die Menschen mit ihren Konventionen und Gewohnheiten selbst schmieden. Wer immer diese Ketten abstreifen will, wird meinen Segen haben.

Verstehe, Sie sind ein Freund aller Aussteiger und Individualisten. Aber wie steht es mit dem Caravaning – wäre das Ihr Ding?

Ganz sicher nicht, mein Herr. Denn wenn ich diese Art des Reisens näherhin betrachte, scheint sie mir denen, die sich ihr ergeben, keineswegs die Ketten abzustreifen, sondern neue, unsichtbare Ketten anzulegen. Denn sie sind gekettet an die Straßen oder Plätze, für die ihre Fahrzeuge geeignet sind. Das schränkt ihre Freiheit außerordentlich ein. Wenn man sich frei in der Welt bewegen will, dann sollte man zu Fuß gehen. So wie es die Menschen taten, bevor sie ihre zivilisatorische Irrfahrt begannen.

Aber Herr Rousseau, bedenken Sie, wie bequem es ist, sich im eigenen Wohnmobil zu bewegen. Denken Sie nur an die schäbigen Spelunken des 18. Jahrhunderts, in denen Sie absteigen mussten.

Jaja, so denkt ihr Bürger der modernen Welt – und merkt gar nicht, was für einen Unsinn ihr verzapft. Bequemlichkeit, mein Herr, ist aller Freiheit Ende. Freiheit heißt, sich aller Bequemlichkeit zu entäußern: den ganzen materiellen und mentalen Kram zurückzulassen, den man über die Jahre angehäuft hat; all das Zeug, was du vermeintlich mit dir führen musst; all die fixen Ideen davon, was du angeblich gesehen haben musst. Weg damit. Je weniger du bei dir hast, desto besser. Zieh die Schuhe aus und geh in den Wald, dann bist du frei.

Machen Sie so etwas?

Aber sicher. Immer wenn ich einen klaren Gedanken fassen will, verlasse ich die Komfortzone meiner vier Wände und gehe nach draußen. Dann lausche ich darauf, was mir die Natur zu sagen hat. Würde ich im Wohnmobil durch die Gegend fahren, begegnete ich immer nur mir selbst – sogar, wenn ich irgendwo am Nordkap parken würde.

Aber Sie könnten dann doch aussteigen und einen Spaziergang machen?

Vergessen Sie's, mein Freund. Bei einem Spaziergang um seinen Camper hat noch keiner die wirkliche Freiheit gefunden. Solange er an das gebunden bleibt, was er besitzt, liegt der Mensch in Ketten – oder steckt im goldenen Käfig seines Wohnmobils. Und je weniger er das weiß, desto unfreier ist er.

Jean Jacques Roussau (1712–1778) war einer der meistverfolgten Männer Europas. Egal, was er schrieb, die Gelehrtenwelt, die Obrigkeit und die Kirche waren gegen ihn. Deshalb war er Zeit seines Lebens auf Wanderschaft. Frieden fand er erst in seinen letzten Lebensjahren, die er mit seiner Frau auf einem Bergbauernhof in Südfrankreich verbrachte. Dort konnte er das naturverbundene Leben führen, nach dem er sich immer gesehnt hatte.

Teil 7

Liebe und Partnerschaft

Diotima sagt: Lass dich vom Eros überraschen!

Partnerschaften werden zunehmend im Internet vermittelt. Auf Dating-Plattformen werten intelligente Algorithmen die Profile der Nutzer aus und ermitteln anhand von »Matching Points«, wer zu wem passt. Schon viele glückliche Ehen sind auf diese Weise entstanden. Aber geht dabei nicht etwas von der Magie des Sich-Verliebens verloren? Die antike Philosophin Diotima macht sich Sorgen um dasjenige, was die Griechen Eros nannten.

Frau Diotima, was halten Sie von Dating-Plattformen? Kann man sich auf diesem Wege verlieben?

Hm, wenn ich dich recht verstehe, fragst du danach, ob man das Wirken des Gottes, den wir Griechen *Eros* nennen, mathematisch errechnen kann.

Ja, so kann man es wohl auch formulieren.

So *sollte* man es formulieren. Denn es hatte einen guten Grund, dass sich meine Vorfahren die Macht der Liebe – oder besser: der Liebesleidenschaft – als einen Knirps mit Pfeil und Bogen vorstellten. Sie wussten, dass der Pfeil des Eros einen Menschen ungewollt und ungerufen trifft und dass diese Leidenschaft ganz sicher keinen Regeln oder Algorithmen folgt, sondern spontan und frei ist – wie ein Kind, das spielt.

Aber wird die Chance, von Liebesleidenschaft – oder von mir aus: von Eros – ergriffen zu werden, nicht größer, wenn ich dank einer digitalen Vorauswahl nur solche Menschen treffe, die zu mir passen?

Ja, so dachte auch der Dichter Aristophanes, dem mein Freund Platon in seinem Dialog *Symposion* die Theorie in den Mund gelegt hat, wir Menschen seien einst kugelrund gewesen. Dann aber habe Zeus uns im Zorn in zwei Hälften gespalten, sodass wir seither verzweifelt nach unserer anderen, vielleicht besseren Hälfte suchen. Wenn es sich so verhielte, könnten Matching Points und Algorithmen bei der Partnersuche vielleicht helfen. Aber so sehr die vom Eros Entflammten manchmal das Gefühl haben, erst durch ihren Partner komplettiert worden zu sein, ist das Bild doch trotzdem irreführend.

Vielleicht, verehrte Diotima, haben Sie ja einfach noch nicht Ihre bessere Hälfte gefunden.

Ach, wenn du wüsstest … Aber lassen wir das. Machen wir uns lieber Folgendes klar: Wir Menschen sind zu keinem Zeitpunkt fertig, was auch eure Hirnforscher bestätigen. Wir sind keine Puzzleteile, die man zusammenlegen könnte – und wenn's passt, dann war's das. Nein, das Wunder des Eros ist anders: Eros ist eine Kraft, die dich dazu bringt, deine Potenziale zu entfalten, zu wachsen, zu reifen, fruchtbar zu sein, neues Leben zu zeugen und ein großer Mensch zu werden. Dauerhaft glückliche Partnerschaften sind nicht solche, bei denen die Partner genau den Wunschvorstellungen des anderen genügen, sondern solche, bei denen sie sich wechselseitig in ihrem Wachstum unterstützen, um gemeinsam zu erblühen.

Aber wünschen sich nicht alle Menschen einen Partner oder eine Partnerin, die ihren Wünschen entsprechen?

Durchaus, aber genau deshalb sind so viele unglücklich. Eros ist kein Klebstoff, der zwei passende Hälften verbindet, sondern ein Feuer, das sich an der Andersheit der Partnerin oder des Partners entzündet. Wenn alles genau so passt, wie man es sich ausgerechnet hat, gibt es keine Entwicklung mehr – dann erstarrt ein Paar in Harmonie. Wenn du hingegen von Liebe für einen Menschen ergriffen bist, der vorderhand gar nicht zu dir passt, bei dem du aber ahnst, dass du mit ihm reifen kannst, dann verleiht dir Eros Flügel – da begeistert er dich; ja, da beflügelt er dich dazu, über dich hinauszuwachsen.

Also ist die digitale Partnervermittlung nichts für Sie?

Exakt. Bei den Dingen des Eros sind Algorithmen fehl am Platze. Da hilft nur eins: sich dem Leben hingeben, Herz und Geist für das Unerwartete öffnen und sich berühren lassen. Eros ist pure Energie. Wer sich auf ihn einlässt, hat die Chance, ein wirklich lebendiger Mensch zu sein – mit allem Leid und aller Freude.

Diotima von Mantineia (vermutlich 5. Jahrhundert v. Chr.) ist uns nur als Dialogfigur in Platons (428–348 v. Chr.) Dialog *Symposion* bekannt. Ob es sich bei ihr um eine historische Person handelt, ist in der Forschung umstritten. Vieles aber spricht dafür, dass es sie tatsächlich gegeben hat. Folgt man Platons Zeugnis, war sie eine hoch angesehene Priesterin und Heilerin, bei der Sokrates als junger Mann in die »Mysterien des Eros« eingeweiht wurde. Was genau darunter zu verstehen ist, überlässt Platon den Lesern. Fest steht, dass die von Platon in Auszügen tradierte, theoretisch-philosophische Unterweisung über das Wesen der Liebe ein integraler Bestandteil dieser Initiation war.

Sokrates sagt:
Lass dich anmachen!

Trouble in der Partnerschaft, Ehekrisen, Scheidungen. Wir Menschen der Moderne tun uns zunehmend schwer mit der Liebe. Immer mehr Menschen ziehen es deshalb vor, allein zu bleiben und als Single durchs Leben zu gehen. Aber geht dabei nicht manch kostbare Erfahrung verloren? Sokrates gilt zwar nicht unbedingt als vorbildlicher Ehemann, wohl aber als Inbegriff der Weisheit. Vielleicht weiß er ja, was es mit der Liebe auf sich hat.

Herr Sokrates, Ihre Gattin Xanthippe war dem Vernehmen nach nicht die einfachste aller Ehefrauen. Irgendwie haben Sie es aber doch mit ihr hinbekommen. Können Sie uns das Geheimnis einer guten Ehe verraten?

Soll das ein Witz sein, mein Freund? Du fragst mich, was du tun musst, damit deine Ehe funktioniert – oder deine »Partnerschaft«, wie ihr das nennt? Beim Zeus, das ist ein spaßiger Einfall, denn jeder weiß, dass zwischen mir und meiner Xanthippe ständig die Fetzen flogen. Oder kennst du nicht die Geschichte, wie sie mir eine Standpauke hielt und dann ihren Nachttopf über meinem weisen Haupt entleerte; nur weil ich vergessen hatte, die Einkäufe zu erledigen? Und weißt du, was ich damals sagte, als ich pitschnass vor ihr stand? »Wenn man den Donner hört, muss man mit Regen rechnen.« (Lacht.) Lustig, oder?

Spaß beiseite. Wie funktioniert das mit den Frauen und den Männern?

Das also willst du wissen, hm? Meine Antwort lautet: Keine Ahnung. Ich weiß, dass ich nichts weiß. Es gibt da kein Patentrezept. Als die Götter die Menschen in Frauen und Männer unterteilten, dachte sich Zeus: »Okay, wir lassen sie viel Spaß aneinander haben, aber sie werden auch viel Stress miteinander haben.« Wieso sollte es den Menschen besser gehen als ihm? Er selbst hatte ja auch dauernd Trouble mit seiner Hera. Genau wie ich mit meiner Xanthippe. Aber das war nicht Zeus' letztes Wort. Da war ja noch der Eros.

Jetzt kommen Sie mir aber bitte nicht mit dem Eros-Center als Fluchtort für unbefriedigte Ehemänner!

Nein, nein, nein. Nicht, was du denkst. Unser Eros ist ein Gott. Der wohnt nicht in einem Eros-Center, auch nicht in einem Erotikshop. Eros ist ein feiner Kerl. Ohne ihn kannst du jede Ehe oder Partnerschaft vergessen. Du musst ihn nur willkommen heißen. Und dafür musst du ihn erkennen, musst verstehen, wer er ist. Aber das fällt euch Menschen der Moderne so schwer. Mir anfangs auch, bis ich die weise Diotima traf, die es mir erklärte.

Diotima, die Priesterin, die Sie angeblich in Liebes- und Partnerschaftsfragen gecoacht hat. Was hat sie Ihnen denn so alles beigebracht?

»Sag, warst du schon mal verliebt?«, fragte sie mich. »Klar doch«, erwiderte ich. – »Gut«, sagte sie da, »dann weißt du, wie es ist, von Leidenschaft ergriffen zu werden.« – »Nur zu gut, Diotima.« – »Wieso ›zu gut‹?« – »Weil die Leidenschaft einerseits begeistert und euphorisiert, andererseits aber auch Kummer macht, wenn deine Angebetete mit dir Schluss macht.« – »Ah«, sagte Diotima, »dann kennst du schon den Eros. Denn er ist es, der das Feuer der Begeisterung in dir entzündet und der dich nicht ruhen lässt, solange du deine Geliebte nicht siehst und hörst und fühlst. Er ist es aber auch, der dir das Herz bricht.« – »So ist es«, sagte ich.

Klingt nicht gerade ermutigend.

Ich bin ja auch noch nicht fertig. Pass auf: »Nun hör mir zu«, erwiderte die weise Frau: »Lass dich davon niemals schrecken, denn ohne Eros bleibt dein Leben kalt und flach. Ohne das Feuer der Liebesleidenschaft in deinem Herzen kannst du alle Reichtümer der Welt erwerben, alle Länder bereisen, mit allen Frauen schlafen – nichts wird dich erfüllen. Rastlos wirst du durch die Welt hecheln und doch nie finden, was du suchst. Denn je mehr du deinen Wünschen nachläufst, desto mehr entfernst du dich vom Eros.«

Toll, aber was mache ich, wenn der Eros mich verlässt?

Das wird er nicht tun, wenn du dich ihm hingibst, wenn du dein Herz öffnest, dich berührbar, verletzbar, ansprechbar machst. Diotima sagte mir immer wieder: »Lass dich anmachen, Sokrates, nimm die Welt so, wie sie ist, und bleib begeisterungsfähig. Dann wird dein Herz immer größer. Dann wirst du erkennen, wie liebenswert auch Xanthippe ist, und mit ihr darüber lachen, wenn sie ihren Nachttopf über dir entleert.«

Nun gut, und was ist die Essenz aus alledem?

Ganz einfach: Deine Partnerschaft wird gelingen, wenn du offen bleibst, wenn du nicht dauernd Ansprüche erhebst, sondern dich ansprechen lässt. Dann bleibt ihr in Verbindung, auch im Streit. Und das ist gut, denn auch das ist eine Weise, das Feuer des Eros lebendig zu halten. Doch wenn du gleichgültig und kalt wirst, dann tötest du den Eros in dir. Und mit ihm deine Seele.

Sokrates (470–399 v. Chr.) hat selbst keine Schriften verfasst, doch sein Schüler Platon hat ihm in zahlreichen erhalten gebliebenen Texten ein literarisches Denkmal gesetzt. Ein besonders eindrucksvolles Porträt des Sokrates findet man im Dialog *Symposion* (das *Trinkgelage*), in dem er sich als Experte in den Dingen der Liebe präsentiert und darauf verweist, seine diesbezüglichen Kenntnisse der Priesterin Diotima zu verdanken. Davon abgesehen, lernen wir den Denker bei dieser Gelegenheit als einen geselligen Menschen kennen, der sich nicht scheut, den dionysischen Freuden des Weines zu frönen.

Hannah Arendt sagt: Liebe ist Ärmel hochkrempeln und handeln

Die Liebe ist wieder im Kommen! Coaches und Psychologinnen raten uns, wir sollten mehr in Liebe investieren: Liebe ins Leben, zu unseren Partnern und vor allem zu uns selbst. Aber was heißt das konkret? Das praktische Leben war das Spezialgebiet der Philosophin Hannah Arendt. Hier erklärt sie, wie Liebe praktisch geht.

Frau Arendt, die Liebe ist von den männlichen Philosophen etwas stiefmütterlich behandelt worden. Was sagt die Philosophin dazu?

Ach, wissen Sie, ich würde das nicht gendern. Es gibt durchaus bemerkenswerte Texte von männlichen Kollegen, die sich dem Thema Liebe widmen. Aber Ihr Punkt ist trotzdem nicht verkehrt. Die Liebe ist tatsächlich ein Aspekt des Lebens, der sich aus der männlichen und weiblichen Perspektive jeweils etwas anders darstellt. Es ist wohl auch kein Zufall, dass Platon in seinem *Symposion*, dem innerhalb der abendländischen Tradition wohl bedeutendsten philosophischen Text zur Liebe, die wichtigsten Gedanken der Priesterin Diotima in den Mund gelegt hat.

Wo liegt der Unterschied zwischen einer männlichen und einer weiblichen Sicht auf die Liebe?

In den Reden der Diotima geht es unter anderem um die Frage, was geschehen muss, damit die Liebe – beziehungsweise der Eros, wie die Griechen sagten – entsteht; genauer, wie der Eros *geboren* wird. Das scheint mir eine ziemlich weibliche Herangehensweise zu sein, die zudem den Vorteil hat, etwas deutlich zu machen, was für unser menschliches Leben äußerst wichtig ist. Ich nenne es: die Natalität.

Frau Arendt, wären Sie so gut, für unsere Leser und Leserinnen diesen Begriff zu erläutern?

Sehen Sie, Natalität heißt »Gebürtigkeit«. Das ist etwas, was uns Menschen allen gemein ist: Wir wurden von einer Mutter geboren. Das heißt, wir alle sind irgendwann als Neulinge zur Welt gekommen – als neue Wesen, unberechenbar, voller Möglichkeiten und Potenziale. Das ist äußerst bedeutungsvoll. Denn es ist der Grund dafür, dass wir auch später immer wieder neu anfangen können. Zum Beispiel, wenn wir uns verlieben oder wenn »der Eros uns entflammt« – um es noch einmal auf Griechisch zu sagen. Liebe hat immer etwas mit Neuanfang und Neubeginn zu tun. Liebe bringt Veränderung. Liebe ist Handeln.

Aber ist die Liebe nicht in erster Linie ein Gefühl?

Ah, mein Herr, das ist es also, was Sie von einer Philosophin zu hören erwarten. Aber da muss ich Sie enttäuschen. Denn in meinem Denken ist die Liebe eine Kraft des Handelns. Wer einen anderen Menschen liebt, wird schöpferisch und kreativ. Wer das Leben liebt, der wird sich für das Leben engagieren. Untätig rumzuhängen und sich in seinen Gefühlswallungen zu aalen ist in meinen Augen kein Zeichen von Liebe, sondern von träger Selbstgefälligkeit.

Das klingt so, als sei die heute gängige These, man müsse sich zunächst einmal selbst lieben, um dann auch andere lieben zu können, nicht nach Ihrem Geschmack?

Mit meinem Geschmack hat das nichts zu tun. Ich halte das einfach nur für Unsinn. Liebe, die ihren Namen verdient, ist immer an andere adressiert: meinen Partner, meine Freunde, vielleicht auch die Natur, ja vielleicht auch das Leben oder Gott. Und sie zeigt sich immer nur darin, dass ich etwas für den-, die- oder dasjenige tue, denen meine Liebe gilt; darin, dass ich die Ärmel hochkrempele, in die Hände spucke und etwas Neues wage. Menschen, die ich liebe, sind solche, mit denen ich etwas anfangen kann. Mutig und tätig anderen zu begegnen – das ist in meinen Augen der größte Ausdruck meiner Liebe zum Leben.

Hannah Arendt (1906–1975) musste aufgrund ihrer jüdischen Herkunft während der nationalsozialistischen Herrschaft in die Vereinigten Staaten emigrieren. Sie war davon überzeugt, dass Menschen politische und soziale Wesen sind, die nur dann ein erfülltes Leben führen können, wenn sie in Freiheit mit anderen interagieren. Vor diesem Hintergrund analysierte und kritisierte sie die unterschiedlichen Erscheinungsformen des Totalitarismus und wurde mit ihrem Buch *Elemente und Ursprünge totalitärer Herrschaft* in den USA zu einer gefeierten politischen Philosophin.

Aristoteles sagt: Ein Freund ist immer ein Freund

Dass es wünschenswert ist, gute Freundinnen oder Freunde zu haben, wird niemand ernstlich bezweifeln. Weniger Klarheit besteht jedoch darüber, was das Geheimnis einer guten Freundschaft ist. Einer der Ersten, die sich darüber den Kopf zerbrochen haben, war Aristoteles. Für ihn gibt es unterschiedliche Arten der Freundschaft, die man auseinanderhalten sollte, wenn man sich an seiner Seite gute Freundinnen und Freunde wünscht.

Herr Aristoteles, ist es Ihrer Ansicht nach okay, wenn Freunde miteinander streiten?

Das ist nicht nur okay, sondern wünschenswert. Und es zeichnet wirklich gute Freunde aus, dass sie Konflikten nicht aus dem Weg gehen und Meinungsverschiedenheiten austragen. Denn sie wissen, dass es oft die Differenzen sind, die es ihnen erlauben, aneinander zu wachsen und sich gegenseitig darin zu unterstützen, ihre Potenziale zur Entfaltung zu bringen, um große, reife und schöne Menschen zu werden. Darin liegt dann auch der große, unschätzbare Wert von guten Freundschaften: Sie lassen uns innerlich wachsen.

Viele Freundschaften gehen aber in die Brüche, wenn sich die Freunde in die Haare bekommen.

Das stimmt. So etwas kommt zumeist dann vor, wenn eine Freundschaft nicht in dem gemeinsamen und geteilten Wunsch nach einem guten und erfüllten Leben gründet, sondern in anderen, flüchtigeren Schnittmengen. Denken Sie nur an Geschäftsfreunde, deren Freundschaft nur so weit reicht wie ihre gemeinsamen wirtschaftlichen Interessen. Oder denken Sie an Parteifreunde, deren Freundschaft darin gründet, dass sie politische Überzeugungen teilen. Klar, wenn es zwischen solchen Leuten zu unüberbrückbaren Meinungsverschiedenheiten kommt, dann ist es um die Freundschaft geschehen. Ähnlich ist es übrigens auch mit Freundschaften, die dadurch zustande kommen, dass die Freunde einer gemeinsamen Leidenschaft nachgehen. Wanderfreunde, Sportfreunde, Musikfreunde und dergleichen. Diese Freundschaften währen genau so lange, wie die Begeisterung für das anhält, was sie gestiftet hat.

Verstehe. Aber worin gründen dann die echten und tiefen Freundschaften, die Sie eingangs erwähnten – diejenigen, die Konflikte und Meinungsverschiedenheiten aushalten?

Ich habe es schon angedeutet: Sie gründen in der Sehnsucht nach dem guten Leben. Wirklich gute Freunde finden sich in dem gemeinsamen Anliegen, das Gute zu befördern: in ihrem eigenen Leben, im Leben ihrer Freunde, in der Gesellschaft, im Zusammenspiel mit der Natur. Sie sind beide gleichermaßen bewegt von einer tiefen Liebe zum Leben oder von einer gemeinsamen Spiritualität – was erklärt, warum es fast unmöglich ist, als religiöser Mensch mit jemandem befreundet zu sein, der Religion für Humbug hält. Der entscheidende Punkt aber ist der: Alle Freundschaften verdanken sich einem gemeinsamen Dritten, worin sich die Freunde treffen: Das können Leidenschaften, Meinungen oder Interessen sein – solche Freundschaften sind schön, aber vergänglich. Es kann aber auch ein geteiltes Lebensgefühl sein, eine geteilte und wechselseitige Sehnsucht nach Wahrheit und Sinn. Wo Freunde darin verbunden sind, können sie streiten und diskutieren, aber ihre Freundschaft wird dadurch nicht erschüttert. Dafür ist sie zu tief und zu fest verwurzelt.

Was muss man tun, um solche tiefen Freundschaften erleben zu können?

Es gibt keine Patentrezepte, die man einfach nur befolgen müsste, um Freundschaften zu schließen oder zu erhalten. Am Ende hängt alles an deinem eigenen Entwicklungsgrad: Solange du in deiner Selbstbezüglichkeit gefangen bist und allem voran deine Interessen verfolgen und deinen Leidenschaften frönen willst, wirst du keine anderen Freunde als Geschäftsfreunde, Parteifreunde oder Sportfreunde finden. Erst wenn es dir nicht mehr primär um dich geht, sondern um das Wahre, Gute und Schöne, werden dir die Menschen begegnen, mit denen du die tiefen und beständigen Freundschaften eingehen kannst. Leider sind sie ziemlich selten; vor allem in eurer modernen Welt, die vornehmlich von Egozentrikern bevölkert wird, die alles andere als freundschaftstauglich sind. Aber lass dich davon nicht entmutigen. Wenn erst in dir die Sehnsucht nach Sinn und Tugend entfacht ist, wirst du den Menschen begegnen, die sie teilen. Die Liebe zum Leben zieht sich wechselseitig an.

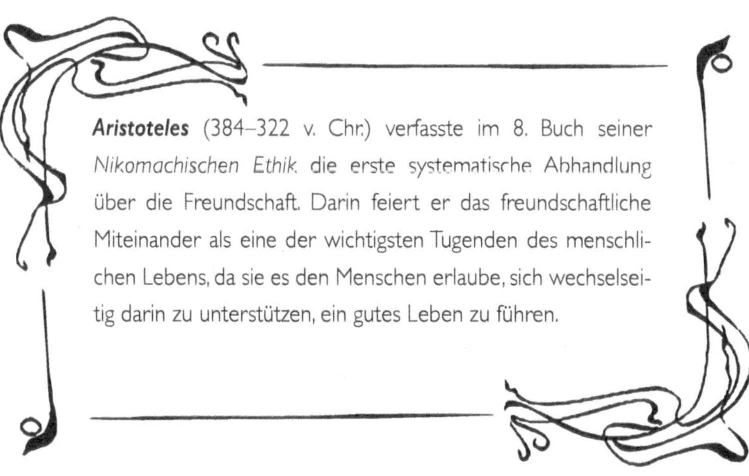

Aristoteles (384–322 v. Chr.) verfasste im 8. Buch seiner *Nikomachischen Ethik* die erste systematische Abhandlung über die Freundschaft. Darin feiert er das freundschaftliche Miteinander als eine der wichtigsten Tugenden des menschlichen Lebens, da sie es den Menschen erlaube, sich wechselseitig darin zu unterstützen, ein gutes Leben zu führen.

Buber sagt: Würdigen, nicht wertschätzen!

Viele Menschen klagen darüber, von ihren Mitmenschen nicht genügend wertgeschätzt zu werden. Zwischen Partnern führt das im Extremfall zur Scheidung und zwischen Kollegen zur Kündigung. Wer das vermeiden will, übt sich in wertschätzender Kommunikation. Aber tut es uns tatsächlich gut, von allen Seiten mit Wertschätzung bedacht zu werden? Martin Buber, der viel über menschliche Interaktion nachgedacht hat, hat so seine Zweifel.

Herr Buber, was halten Sie von der Idee, eine Ausbildung in wertschätzender Kommunikation zu machen?

Nichts.

Wie bitte? Sie haben doch Zeit Ihres Lebens dafür geworben, sich anderen Menschen zuzuwenden, das Gespräch zu suchen, sie ernst zu nehmen und anzuhören.

So ist es. Aber jemanden ernst zu nehmen, ihm zugewandt zu sein, ihn anzuhören und in seiner Andersheit zu respektieren, ist ganz etwas anderes, als ihm mit Wertschätzung zu begegnen.

Das müssen Sie erklären. All das, was Sie da erwähnen, sind in meinem Verständnis verschiedene Erscheinungsformen der Wertschätzung.

So scheint es, aber so ist es nicht. Hören Sie auf die Sprache. Sie ist an diesem Punkt sehr deutlich. Wenn ich einem Menschen mit Wertschätzung begegne, dann schätze ich seinen Wert und gebe ihm das zu verstehen. Was aber heißt es, den Wert eines Menschen zu schätzen? Es heißt, ihn daraufhin zu befragen, welchen Wert er hat. Und wonach bemisst sich sein Wert? Er bemisst sich nach dem Nutzen – nach dem Nutzen für mich oder für die Gesellschaft, gleichviel. Einen Menschen wertzuschätzen bedeutet, ihn nach Maßgabe von Kriterien zu beurteilen, die nichts mit ihm selbst zu tun haben, sondern von außen an ihn herangetragen werden. Das aber heißt: Ich sehe gar nicht auf ihn. Ich bleibe nur bei mir – bei *meinen* Kriterien und *meinen* Erwartungen. So werde ich einem anderen Menschen nicht gerecht.

Wie sollte man anderen Menschen begegnen, wenn man ihnen wirklich gerecht werden will?

Mit Zuwendung, Offenheit, Respekt und Hingabe. Wo sich all das in meiner Wahrnehmung des anderen verbindet, gerät er mir zu meinem Du. Als Du geht er mich etwas an. Als Du hat er mir etwas zu sagen. Als Du würdige ich ihn in seiner Besonderheit. Nicht wertschätzen, sondern *würdigen* – das ist es, worauf es ankommt.

Aber was genau heißt es, jemanden zu würdigen?

Es heißt, ihn ungeachtet seiner Rollen, Funktionen und möglichen Nutzbarkeiten einfach nur in seinem individuellen Menschsein zu gewahren und zu bejahen. Es heißt, sich frei davon zu machen, irgendwelche Ansprüche an ihn zu stellen, sondern sich ganz unter seinen Anspruch zu stellen. Es heißt, die eigene Verantwortung darin zu erkennen, diesem Menschen eine Antwort zu sein. Dabei bin ich ganz beim anderen. Ich frage nicht mehr danach, was ich mit ihm anfangen kann, sondern was er mich angeht. So kommt es zur echten Begegnung. Und in der echten Begegnung geschieht das Wunder: Ich werde am Du zum Ich.

Das ging jetzt etwas schnell. Inwiefern wird der Mensch am Du zum Ich?

Wenn ich mich bedingungslos dem anderen zuwende und ihn in seiner Andersheit ernst nehme, habe ich die Chance, über mich selbst hinauszuwachsen, meinen Horizont zu weiten, neue Perspektiven auf das Leben zu gewinnen. Ein Beispiel: Wenn ich mich einem wildfremden Menschen, vielleicht sogar einem Migranten, als meinem Du zuwende – wenn ich alle meine Filter, Erwartungen, Vorurteile, Denkgewohnheiten ausblende und ihn einfach nur so wahrnehme, wie er mir hier und jetzt begegnet –, dann kann es sein, dass mir in der Begegnung eine neue Welt aufgeht. Ich werde größer und reicher. Ich werde auf diese Weise zu dem, der ich bislang nur sein konnte.

Aber ist das nicht ein bisschen viel verlangt? Man kann sich doch nicht dauernd anderen Menschen mit dieser Offenheit zuwenden. Häufig müssen wir in unserem Miteinander einfach nur funktionieren.

Dem kann ich nicht widersprechen. Tatsächlich begegnen wir unseren Mitmenschen zumeist nicht als einem Du, sondern als einem Es – als etwas, das uns nichts wirklich angeht, mit dem wir aber zusammenarbeiten können. In der funktionalen Welt des Es hat auch die Wertschätzung ihren Ort. Aber wenn es uns darum zu tun ist, anderen Menschen wirklich gerecht zu werden, dann sollten wir sie würdigen – als Du, das uns etwas angeht, als individuelle Person, als unauflösbares Geheimnis.

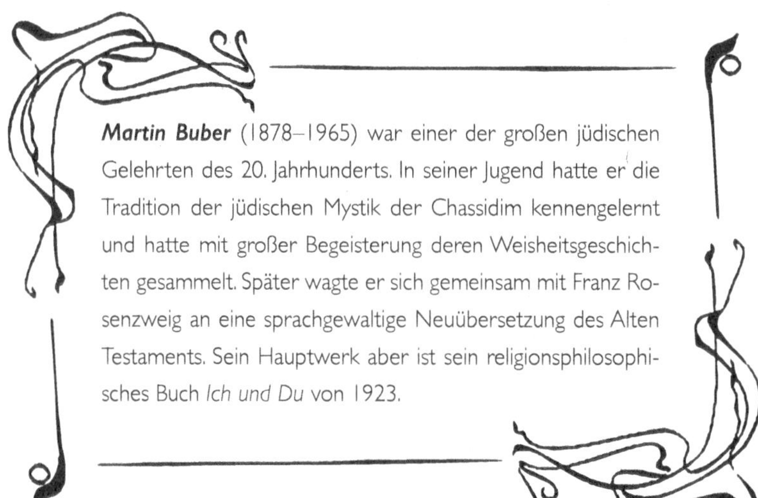

Martin Buber (1878–1965) war einer der großen jüdischen Gelehrten des 20. Jahrhunderts. In seiner Jugend hatte er die Tradition der jüdischen Mystik der Chassidim kennengelernt und hatte mit großer Begeisterung deren Weisheitsgeschichten gesammelt. Später wagte er sich gemeinsam mit Franz Rosenzweig an eine sprachgewaltige Neuübersetzung des Alten Testaments. Sein Hauptwerk aber ist sein religionsphilosophisches Buch *Ich und Du* von 1923.

Gadamer sagt: Mehr fragen, weniger behaupten

»Wir haben uns nichts mehr zu sagen«, »Wir verstehen uns nicht mehr«, »Wir reden dauernd aneinander vorbei« – die meisten Partnerschaftsprobleme entstehen durch mangelnde Kommunikation. Dabei ist es gar nicht so schwer, sich zu verständigen. Das meint jedenfalls Hans-Georg Gadamer, der sich als Begründer der philosophischen Hermeneutik intensiv mit dem Wunder des Verstehens befasst hat.

Herr Gadamer, Sie sind über 100 Jahre alt geworden und sind in Ihrem langen Leben vielen Menschen begegnet. Gab es dabei auch welche, die Sie überhaupt nicht verstanden haben?

Offengestanden: Nein. Damit will ich nicht sagen, dass ich die Menschen, die mir begegnet sind, immer richtig verstanden hätte; aber ich würde doch behaupten, dass es mir gelungen ist, irgendetwas von dem zu verstehen, was sie mir sagten – oder auch nicht sagten. Genau genommen kann es auch gar nicht anders sein. Wir Menschen können gar nicht umhin, verstehen zu wollen, Verständigung zu erzielen oder Sinn zu erschließen. Unverständnis oder Verständnislosigkeit können wir schlecht ertragen. Deshalb nehmen wir es auf uns, die Worte und Gesten anderer zu interpretieren – auf das Risiko hin, dass wir dabei falschliegen.

Wenn es in unserem Wesen liegt, sich und die Welt verstehen zu wollen, warum gibt es dann zwischen den Menschen so viel Unverständnis und so viele Missverständnisse?

Weil Verstehen eine anspruchsvolle und schwierige Aufgabe ist. Und weil es in unserer Welt eine ganze Reihe von Missverständnissen darüber gibt, was es mit dem Verstehen auf sich hat. Unter dem Einfluss der Wissenschaften neigen wir dazu zu meinen, etwas oder jemanden verstehen zu können, wenn wir ausreichend Informationen zusammengetragen haben. Aber über jemanden informiert zu sein ist ganz etwas anderes, als jemanden zu verstehen.

Wo liegt der Unterschied?

Um jemanden zu verstehen, muss ich mich auf ihn einlassen. Ich muss ihm zuhören und mich für das öffnen, was er sagt – auch dann, wenn er eine andere Meinung vertritt als ich; auch dann, wenn er eine andere Sprache spricht; auch dann, wenn ich sein Verhalten moralisch fragwürdig finde. Solange ich bei dem, was er sagt, immer nur das höre, was ich zu hören erwarte oder wünsche, werde ich ihn nicht verstehen. Nein, ich werde ihn nur dann verstehen, wenn ich die Bereitschaft aufbringe, von meinem eigenen Standpunkt abzuweichen und mir seinen Standpunkt anzueignen. Das kann zur Folge haben, dass ich meinen Standpunkt aufgebe und dem anderen recht gebe. Es kann aber auch sein, dass ich mich in seinen Standpunkt hineinversetzen und ihn verstehen kann, ohne ihn zu teilen.

Jemanden zu verstehen bedeutet also nicht, alles, was er sagt oder tut, zu billigen, gutzuheißen oder zu entschuldigen?

Ganz genau. Es heißt lediglich, sich einen Reim darauf machen zu können, wie er zu seiner Sichtweise gekommen ist, und diese nachzuvollziehen. Ob sie mir dann einleuchtet oder nicht, ist eine andere Frage. Sich diesen Unterschied klarzumachen ist für das Gespräch zwischen den Menschen von großer Bedeutung. Denn viele Menschen glauben, sie bräuchten sich nicht die Mühe zu machen, mit jemandem ins Gespräch zu kommen, der eine andere Meinung vertritt. Sie glauben, es wäre Zeitverschwendung, die Verständigung mit Menschen zu suchen, deren Sichtweisen man aus politischen oder moralischen Gründen ablehnt. Aber das ist töricht, denn oft sind es gerade die Kontroversen, die uns zu neuen Erkenntnissen bringen – die dazu führen, dass ich durch das Verstehen einer mir zunächst fremden Sichtweise meinen eigenen Horizont erweitere. Und das ist immer möglich, sofern man mit anderen Menschen wirklich ins Gespräch kommt und sie nicht einfach nur totargumentieren oder verbal besiegen möchte.

Was muss man denn tun, um wirklich ins Gespräch zu kommen?

Dreierlei. Erstens: Stellen Sie Fragen. Fragen öffnet den Gesprächsraum. Zweitens: Hören Sie zu. Menschen, denen Sie zuhören, wissen sich Ihnen zugehörig. Drittens: Verfolgen Sie das Ziel der Verständigung. Oder: Aktivieren Sie Ihren Willen zum Verstehen. Mit einer solchen Haltung kann es Ihnen gelingen, Ihren Standpunkt und den Standpunkt des anderen nach und nach einander anzunähern – bis sich Ihre Horizonte verschmelzen und Sie das Glück genießen, sich zu verstehen oder gemeinsam etwas verstanden zu haben.

Würden Sie das auch bei Partnerschaftskrisen empfehlen? So viele Partner leiden darunter, einander nicht mehr zu verstehen.

Unbedingt. In Partnerschaften stockt das Gespräch meist deshalb, weil einem echten Verstehen zu viele subjektive Erwartungen, Wünsche, Ansprüche im Wege stehen. Anstatt den anderen zu fragen, will man ihm seine eigenen Antworten aufzwingen. So kann das nichts werden. Anders wäre es, wenn man in seinem Partner oder seiner Partnerin jemanden sähe, mit dem man gemeinsam über sich selbst hinauswachsen kann. Dann bräuchten wir weniger Scheidungsanwälte und Paartherapeuten. Nichts steht einer gelungenen Beziehung mehr im Wege als die Selbstbezüglichkeit der Einzelnen.

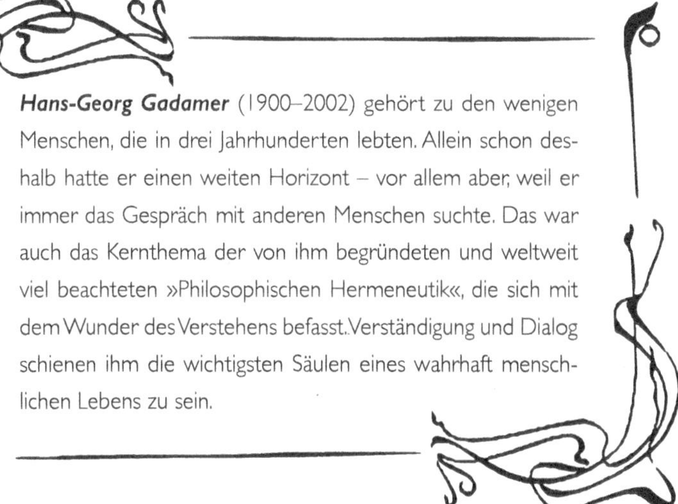

Hans-Georg Gadamer (1900–2002) gehört zu den wenigen Menschen, die in drei Jahrhunderten lebten. Allein schon deshalb hatte er einen weiten Horizont – vor allem aber, weil er immer das Gespräch mit anderen Menschen suchte. Das war auch das Kernthema der von ihm begründeten und weltweit viel beachteten »Philosophischen Hermeneutik«, die sich mit dem Wunder des Verstehens befasst. Verständigung und Dialog schienen ihm die wichtigsten Säulen eines wahrhaft menschlichen Lebens zu sein.

Schweitzer sagt: Hab Ehrfurcht vor den Tieren!

Naturschutz und Tierliebe erfreuen sich großer Beliebtheit. Die Zahl der Hundebesitzer steigt kontinuierlich, und ihr Umgang mit den vierbeinigen Freunden gleicht sich immer mehr dem Verhalten gegenüber Menschen an – bis dahin, dass sie das Bett mit ihnen teilen. Schießt die Tierliebe womöglich über das Ziel hinaus? Albert Schweitzer meinte, man solle allen Lebewesen mit Ehrfurcht begegnen. Fragen wir ihn doch mal.

Herr Schweitzer, nehmen Sie Ihren Hund abends mit ins Bett?

Gott bewahre! Mein Hund hat nichts in meinem Bett verloren. Dahin gehört meine Ehefrau und sonst niemand.

Aber wäre es nicht ein Ausweis Ihrer Tierliebe, wenn Sie es Ihrem Hund ermöglichten, in den Genuss eines kuscheligen Kissens und einer warmen Decke zu kommen?

Was reden Sie da für dummes Zeug! Ich mag meinen Hund, ich mag ihn sogar sehr – aber deshalb verwechsele ich ihn doch nicht mit meiner Ehefrau. Ein Tier zu lieben bedeutet für mich, es in seiner Art ernst zu nehmen, und nicht, es zu vermenschlichen.

Meinten Sie das, als Sie forderten, man solle allen Lebewesen mit Ehrfurcht begegnen?

Nicht nur, aber auch. Zur Ehrfurcht vor dem Leben gehört ganz sicher, dass man Tiere und Pflanzen in ihren Besonderheiten respektiert und achtet; was in der Praxis darauf zuläuft, dafür zu sorgen, dass sie den Lebensraum und das Umfeld finden, das zu ihnen passt. Aber das ist nicht alles. Ehrfurcht vor dem Leben heißt in meinen Augen auch, allen lebenden Wesen in Demut vor dem unermesslichen Wunder des Lebens zu begegnen, das in ihnen Gestalt angenommen hat. Lebewesen sind unendlich viel mehr als technisch produzierte Dinge, die man für irgendetwas gebrauchen und dann entsorgen kann. Nein, sie tragen in sich einen unermesslichen Wert, der sich nicht nach unseren Interessen und Bedürfnissen bemisst, sondern ihnen unveräußerlich innewohnt. Die Ehrfurcht vor dem Leben gebietet deshalb zwingend, sich für Naturschutz oder Tierschutz einzusetzen.

Aber genau das nehmen die Menschen für sich in Anspruch, die ihre Hunde mit ins Bett nehmen.

Das mag ja sein, aber sie müssen sich dann auch die Frage stellen lassen, ob sie damit in Wahrheit nicht viel mehr sich selbst als ihren Hunden einen Gefallen tun. Mir kommt es jedenfalls so vor, als dienten ihnen ihre Tiere als Projektionsfläche ihrer unerfüllten Wünsche und Sehnsüchte oder als Substitute für den fehlenden menschlichen Partner. Wo das der Fall ist, kann weder von Tierliebe noch von Ehrfurcht vor dem Leben die Rede sein – vielmehr haben wir es mit Missbrauch und Instrumentalisierung zu tun.

Worin gründet denn die Ehrfurcht vor dem Leben, wenn sie nicht unseren Bedürfnissen entspringt?

Nach meiner Erfahrung entspringt sie einer genauen Wahrnehmung. So war es jedenfalls bei mir. Während meiner Zeit in Afrika schipperte ich einmal auf einem Urwaldfluss und beobachtete, wie sich in der Abendsonne ein paar Nilpferd-Kühe mit ihren Kindern räkelten. Damals flog mir ein Gedanke zu: »Schau dir das an: Leben, das leben will, inmitten von Leben, das leben will. So die Nilpferde, so der Mensch.« Wenn man das verinnerlicht, dann keimt in einem diese grenzenlose Ehrfurcht vor dem Leben. Das heißt: Ich gebe dem anderen Leben den Raum, den es für sich braucht. Und ich nehme mir nur den Raum, den ich für mich brauche. Das ist aber etwas ganz anderes als eine falsch verstandene Tierliebe, die in Wahrheit nur eine verdrehte Form der Selbstliebe ist.

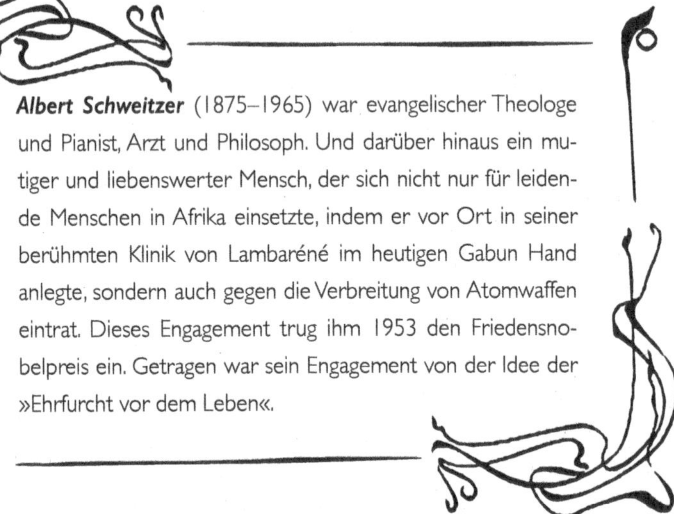

Albert Schweitzer (1875–1965) war evangelischer Theologe und Pianist, Arzt und Philosoph. Und darüber hinaus ein mutiger und liebenswerter Mensch, der sich nicht nur für leidende Menschen in Afrika einsetzte, indem er vor Ort in seiner berühmten Klinik von Lambaréné im heutigen Gabun Hand anlegte, sondern auch gegen die Verbreitung von Atomwaffen eintrat. Dieses Engagement trug ihm 1953 den Friedensnobelpreis ein. Getragen war sein Engagement von der Idee der »Ehrfurcht vor dem Leben«.

Cicero: Über die Kunst der überzeugenden Argumentation

James M. May

Immer wieder gilt es beruflich und privat andere zu überzeugen. Da hilft es, die grundlegenden Techniken der Rede, die Rhetorik, zu beherrschen. Und was könnte da lehrreicher sein als die Werke des wohl größten Redners der Antike, Cicero?

In diesem Band sind die besten Beispiele seiner Redekunst zusammengetragen. Neben der Übersetzung der lateinischen Originaltexte enthält das Buch informative Einführungen, eine Kurzbiografie Ciceros, ein Glossar sowie im Anhang die lateinischen Originaltexte.

336 Seiten | Hardcover | 17,00 € (D) | ISBN 978-3-95972-190-5

Epiktet: Über die Kunst der inneren Freiheit

A. A. Long

Als Sklave geboren, war für Epiktet (55 – 135 n. Chr.) Freiheit ein lebenswichtiger Wert. Dabei sah er geistige Freiheit als fundamental an, da sie Menschen überall frei sein lässt, sogar im Gefängnis. Er definiert Freiheit nicht als Menschenrecht oder politische Forderung, sondern als einen ethischen Wert, den wir uns nur selbst erarbeiten können. Indem das Buch die griechischen Originaltexte der neuen Übersetzung gegenüberstellt, wird die Aktualität, die der Freiheitsbegriff in der Lehre der Stoa heute noch besitzt, besonders herausgestellt. Eine brandneue Ausgabe von Epiktets berühmtem Buch über die Stoa: Encheiridion (Anleitung zum glücklichen Leben) sowie einer Auswahl seiner Unterredungen– von einem der führenden Experten der Philosophie der Stoa.

224 Seiten | Hardcover | 17,00 € (D) | ISBN 978-3-95972-187-5